초등 1학년 1학기 교육과정

교실을 위한

덧셈 뺄셈

1

이 책의 목적

1 1학년 수학은 우리가 생각하는 것보다 중요하다

많은 사람들이 초등학교 수학을 쉽게 여긴다. 초등학교 수학보다는 진학이나 입시와 관련된 중고등학교 수학이 중요하다고 생각한다. 초등학교 안에서도 1학년 수학을 아주 쉽게 생각한다. 그러나 사실은 그렇지 않다. 연구에 의하면 입학 초기 아이들이 가지고 있는 수 지식의 차이는 이후 아이들의 수학 성취를 결정했으며, 1~2학년에서 배우는 기초연산은 이후 수학 성취를 60~70%까지 설명했다. 배움찬찬이연구회에서는 수학이 어려운 아이들을 10여 년 가까이 관찰하고, 가르쳐 왔다. 그러면서 생각보다 많은 아이들이 기초연산basic facts에서부터 문제가 있다는 것을 알게 되었다. 수학을 잘하는 방법은 의외로 단순하다. **바로 기초연산에서 시작하면 된다.**

2 반복적인 문제풀이는 결국 아이들을 수학에서 멀어지게 한다

기초 연산을 잘하기 위해서 지금까지의 많은 교재들은 계열화된 필산 중심의 문제풀이로 구성되어 있었다. 어떤 교재는 시간까지 측정하면서, 아이들이 빠르고 정확하게 많은 문제를 반복적으로 풀이하도록 한다. 물론 연산 유창성은 중요하다. 하지만 반복적인 문제풀이가 아이들의 연산유창성을 보장하지는 못했다. 그 당시는 바로 아는 것 같지만 시간이 지나면 곧 잊어버린다. 무엇보다 반복적인 문제풀이는 수학에 흥미를 떨어뜨리며, 아이들을 수학에서 점점 멀어지게 한다.

3 기초 연산을 잘할 수 있는 방법

모든 수학이 그렇지만 기초연산은 더욱 수감각에 기반을 두어야 한다. 수학의 발달경로learning trajectories이론은 수감각을 기르는 좋은 방법 중 하나로 즉시 세기subitizing방법을 강조한다. 즉시 세기를 잘하게 되면, 수를 작은 묶음으로 인식하게 되어 각각을 하나씩 세는 것보다 시간을 절약하게 된다. 1학년이 작은 개수에 대한 즉각적인 인지를 하게 되면 아이들은 가르기 모으기를 잘하게 된다. 그리고 이것은 받아올림과 받아내림 계산을 잘 하게 한다. 이 교재는 즉시 세기 방법을 각 차시에 지속적으로 제시하여 학생들이 충분히 경험하도록 했다. 특히 반복적인 문제 풀이보다 다양한 방법의 수세기와 수감각을 강조하였다.

4 구체물-반구체물-추상화의 순서로 구성

교재의 각 차시의 접근 방법은 먼저 구체물로 직접 수를 조작하게 한다. 이어서 그림을 통해 수를 인식하게 한다. 마지막으로 숫자로 이루어진 문제를 해결할 수 있도록 구성되었다. 예를 들어 학생이 어려워하는 7이라는 수를 배운다면, 먼저 레켄렉으로 7개의 구슬을 직접 옮겨 보며 수량과 수사이의 관계를 이해하게 한다. 이후

7개의 점의 패턴과 10칸 상자10frame를 활용하여 가르기 모으기 방법을 익힌다. 마지막으로 숫자와 기호로만 이루어진 문제를 충분히 연습한다.

5 모든 아이들에게서 높은 효과성을 보였다

이 교재를 개발하는 데 예상보다 많은 시간이 소요되었다. 처음 우리는 몇 개월이면 금방 마무리될 것으로 생각했다. 하지만 생각보다 간단하지 않았다. 때로는 1년 이상 어렵게 만든 실험용 교재를 적용해 보니 효과가 좋지 못했다. 그래서 모두 다시 수정하고, 적용하고 그렇게 몇 년이 걸렸다. 드디어 2020년 여름 즈음, 우리는 이 교재의 효과성이 좋다는 것을 알게 되었다. 코로나 19 대응 기초학력 사업으로 초록우산재단의 후원과 교육청 단위에서 기초연산 프로젝트로 약 40일 동안 200개 이상의 학급에 적용하여 효과성을 검증했다. 사전 · 사후 및 비교집단 검증에서도 상중하 모든 집단에서 뚜렷한 효과성을 보였다. 특히, 중하위권의 향상이 두드러졌다. 이후 많은 학급에서도 동일한 효과를 경험하였다. 매우 보람되고 기뻤다. 학습이 어려운 아이들에게 적용되는 기초학력 프로그램은 증거기반의 접근이 필요하다.

6 초등학교를 준비하는 7세, 초등학교 1학년, 수학이 어려운 학생에게

이 교재는 초등학교 1학년이 학교에서 수학을 배우며 함께 풀 수 있는 자료로도 좋지만, 초등학교를 준비하는 7세에게도 적극 추천하고 싶다. 선진국을 중심으로 조기 수학early mathematics을 강조하는 사례가 증가하는 이유는 취학 전 아동의 수감각이 이후 수학 성취를 결정하기 때문이다. 또한 작은 수의 덧셈과 뺄셈을 할 수는 있지만 문제 풀이 속도가 매우 느려서 수학에 자신감이 부족한 학생에게도 추천한다. **직접 수를 옮겨 가며 눈으로 수를 경험하는 활동을 하다보면 어느새 실력이 늘어 있는 수학에 자신감을 가질 것이다.**
지금 자라고 있는 세대는 기성세대와는 다른 시대에 살게 될 것이다. 그리고 그 시대는 지금보다 더 깊고 넓은 수준의 수학적 사고를 요구하게 될 것이다. 이 교재가 수학을 보다 쉽고 재미있게 배우는 데 도움이 되길 바란다.

"모든 아동들은 수학을 학습할 수 있으며, 그렇게 하도록 해야 한다" _ Reys

김중훈 · 이희천 · 김유원
배움찬찬이연구회

교재의 구성

이 교재는 초등학교 저학년 수학 교과 학습에 효과적인 구체물, 반구체물, 추상화로 연결하는 CSA(concrete, semi-concrete, abstract) 전략을 기반으로 구성되어 있습니다.

❶ 구체물 조작

일상생활에서 자주 접하는 수학 학습에 유리한 사물(과자, 과일), 손가락 등을 활용하여 수 감각, 수세기, 덧셈과 뺄셈의 원리를 자연스럽게 습득하도록 합니다.

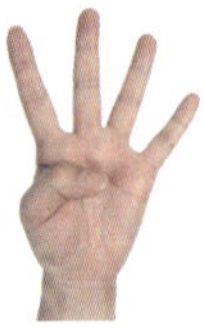

❷ 반구체물

10칸 상자, 점 카드, 수막대, 레켄렉 등을 활용하여 수세기, 자릿값, 덧셈과 뺄셈 상황에 대한 이해, 계산의 원리, 고급 연산 전략을 이해하고, 익히도록 합니다.

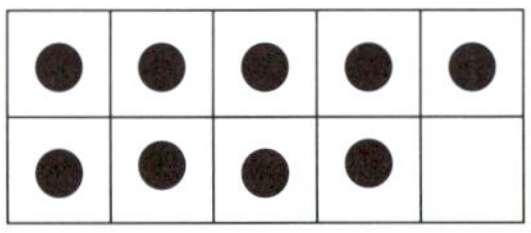

❸ 추상화

구체물 조작 활동과 반구체물을 활용하여 습득한 개념과 원리를 덧셈식과 뺄셈식으로 풀이합니다. 이 단계에서는 처음에는 반구체물과 덧셈식과 뺄셈식을 함께 제시하고 이후 덧셈식과 뺄셈식의 문제가 제시됩니다. 이를 통해 덧셈과 뺄셈의 상황이 어떻게 계산 식의 의미를 이해하고, 유창하게 덧셈과 뺄셈 문제를 해결할 수 있도록 합니다.

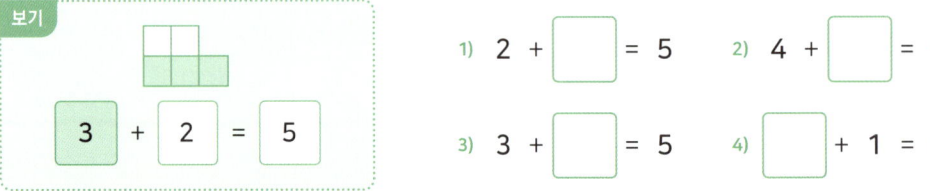

보기

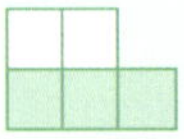

3 + 2 = 5

1) 2 + □ = 5

2) 4 + □ = 5

3) 3 + □ = 5

4) □ + 1 = 5

교재의 활용법

1 수학 교구인 레켄렉과 함께 활용하면 효과적

레켄렉을 통해 덧셈과 뺄셈의 의미와 계산의 원리 그리고 고급 연산 전략을 쉽게 학습할 수 있습니다.

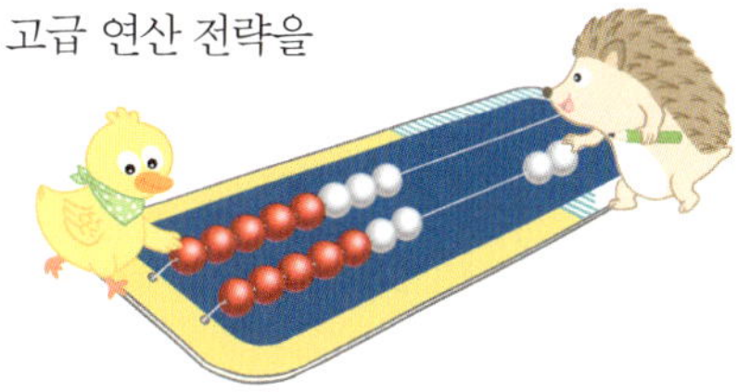

2 사전·사후 검사 도구와 도달 기준이 제시

교재를 학습하기 전에 사전 검사를 통해 학습자의 수준을 점검합니다. 이후 교재를 마치고 얼마나 성장했는지 사후 검사를 통해 다시 확인할 수 있습니다. 해당 학년에 맞는 학기별 권장 기준과 최소 기준이 제시되어 있습니다.

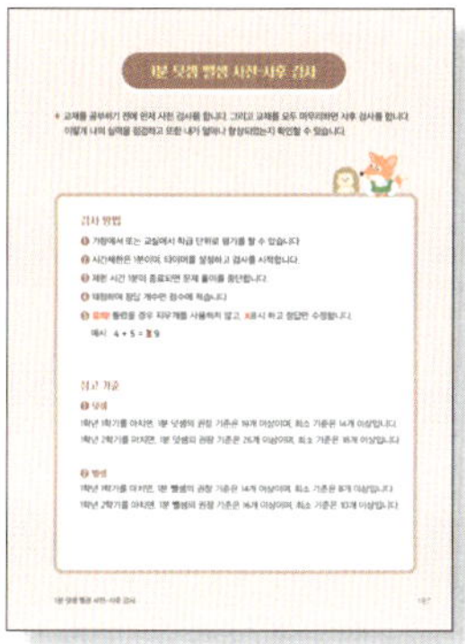

3 기초학력 보충교재로 활용

구체물 조작 활동과 반구체물을 활용하여 습득한 개념과 원리를 덧셈식과 뺄셈식으로 풀이합니다. 이 단계에서는 1~2학년에서 배우는 덧셈과 뺄셈은 이후 수학 교과 학습의 성취와 높은 상관성을 가지고 있습니다. 이것은 중고학년에서 수학 부진의 다수는 덧셈과 뺄셈과 같은 기초연산에서 결손이 있다는 것을 의미합니다. 이 교재는 구체적인 지도방법에 대한 설명이 제시되어 있으며, 검사 도구도 제공합니다.

보기

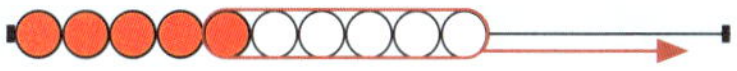

10 - 6 = 4

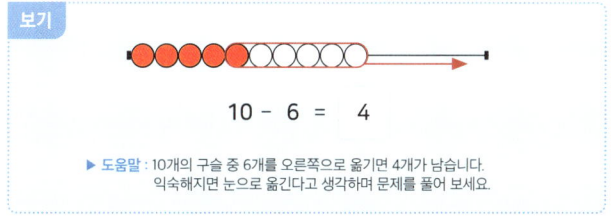

▶ 도움말 : 10개의 구슬 중 6개를 오른쪽으로 옮기면 4개가 남습니다.
익숙해지면 눈으로 옮긴다고 생각하며 문제를 풀어 보세요.

점검하기

공부를 다 했다면 "**다 했어요**"에 ( ) 표시를 하고, 날짜를 쓰세요!

출발!

DAY 1	DAY 2	DAY 3	DAY 4	DAY 5
참 잘했어요!	참 잘했어요!	참 잘했어요!	참 잘했어요!	참 잘했어요!
다 했어요	다 했어요	다 했어요	다 했어요	다 했어요
월 일	월 일	월 일	월 일	월 일

DAY 6	DAY 7	DAY 8	DAY 9	DAY 10
참 잘했어요!	참 잘했어요!	참 잘했어요!	참 잘했어요!	참 잘했어요!
다 했어요	다 했어요	다 했어요	다 했어요	다 했어요
월 일	월 일	월 일	월 일	월 일

DAY 11	DAY 12	DAY 13	DAY 14	DAY 15
참 잘했어요!	참 잘했어요!	참 잘했어요!	참 잘했어요!	참 잘했어요!
다 했어요	다 했어요	다 했어요	다 했어요	다 했어요
월 일	월 일	월 일	월 일	월 일

DAY 16	DAY 17	DAY 18	DAY 19	DAY 20
참 잘했어요!	참 잘했어요!	참 잘했어요!	참 잘했어요!	참 잘했어요!
다 했어요	다 했어요	다 했어요	다 했어요	다 했어요
월 일	월 일	월 일	월 일	월 일

DAY 21	DAY 22	DAY 23	DAY 24	DAY 25
참 잘했어요!	참 잘했어요!	참 잘했어요!	참 잘했어요!	참 잘했어요!
다 했어요	다 했어요	다 했어요	다 했어요	다 했어요
월 일	월 일	월 일	월 일	월 일

DAY 26	DAY 27	DAY 28	DAY 29	DAY 30
참 잘했어요!	참 잘했어요!	참 잘했어요!	참 잘했어요!	참 잘했어요!
다 했어요	다 했어요	다 했어요	다 했어요	다 했어요
월 일	월 일	월 일	월 일	월 일

DAY 31	DAY 32	DAY 33	DAY 34	DAY 35
참 잘했어요!	참 잘했어요!	참 잘했어요!	참 잘했어요!	참 잘했어요!
다 했어요	다 했어요	다 했어요	다 했어요	다 했어요
월 일	월 일	월 일	월 일	월 일

도착!

DAY 36	DAY 37	DAY 38	DAY 39	DAY 40
참 잘했어요!	참 잘했어요!	참 잘했어요!	참 잘했어요!	참 잘했어요!
다 했어요	다 했어요	다 했어요	다 했어요	다 했어요
월 일	월 일	월 일	월 일	월 일

· 미션 성공! ·

목차

1단원
5까지의 수

2단원
10까지의 수

1단원

5까지의 수

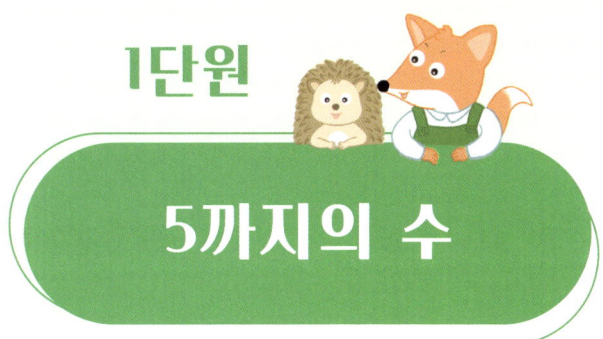

배움 1

5까지의 수 (1)

월 일

1 1부터 5까지 손가락을 펴면서 수를 세어 보고, 거꾸로 5부터 1까지 손가락을 접으면서 수를 세어 보세요.

1) 일 이 삼 사 오

2) 오 사 삼 이 일

2 다음 각 카드의 숫자를 보고 손가락을 한번에 펴 보세요.

5 3 4 2

3 손가락의 수와 알맞은 숫자에 ○표해 보세요.

1)

1 2 3 4 5

2)

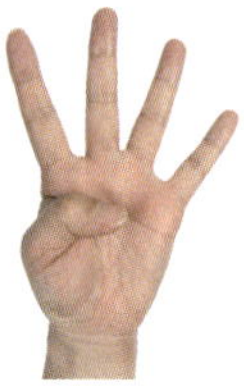

1 2 3 4 5

3)

1 2 3 4 5

4)

1 2 3 4 5

5)

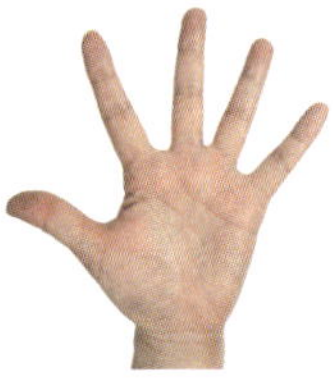

1 2 3 4 5

6)

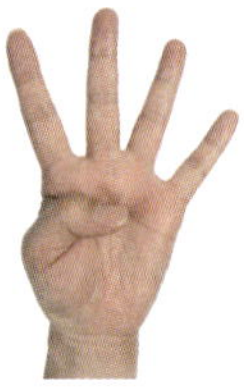

1 2 3 4 5

4 1부터 5까지 수를 말하면서 구슬을 옮겨 보세요.

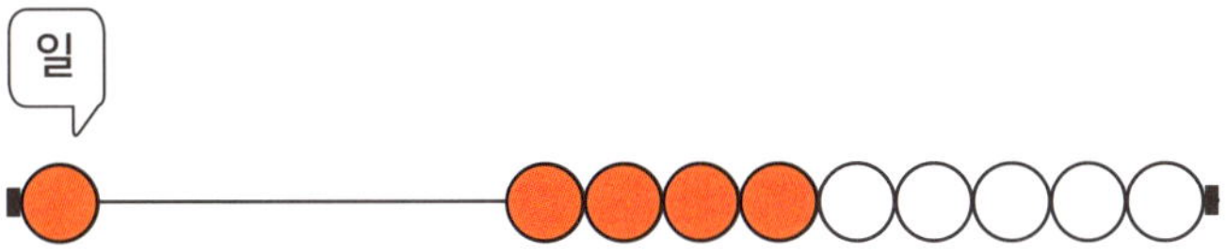

5 5부터 1까지 거꾸로 수를 말하면서 구슬을 옮겨 보세요.

6 보기처럼 구슬을 옮기고 수에 알맞게 ○표해 보세요. 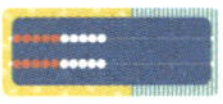

보기

1 2 (3) 4 5

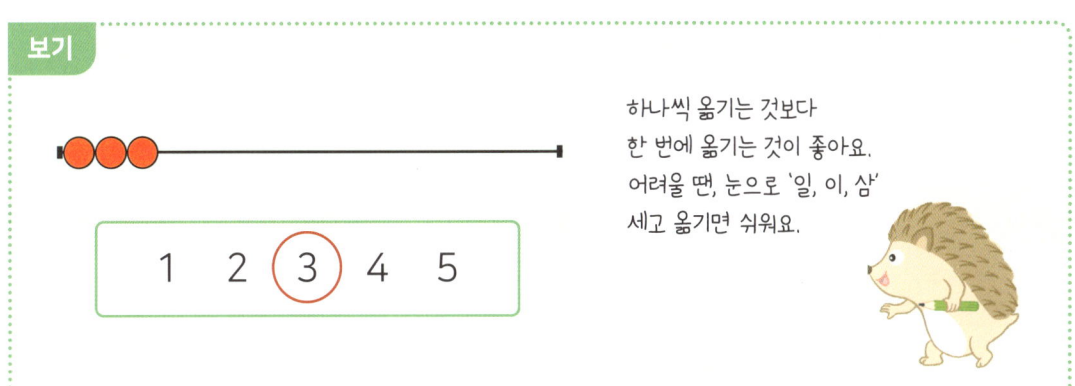

하나씩 옮기는 것보다
한 번에 옮기는 것이 좋아요.
어려울 땐, 눈으로 '일, 이, 삼'
세고 옮기면 쉬워요.

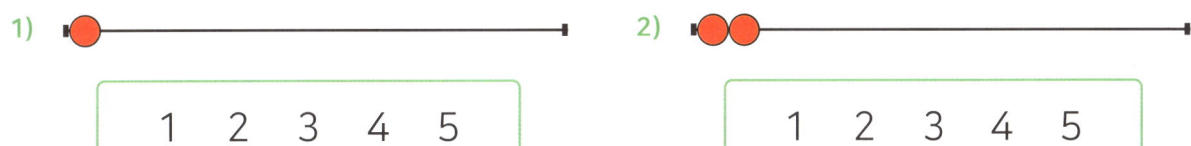

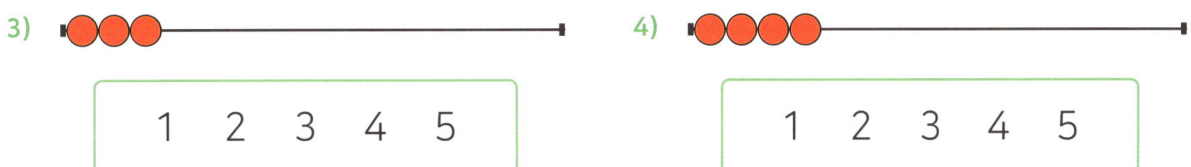

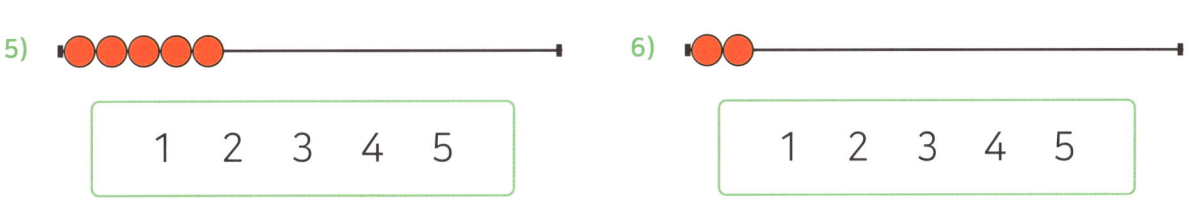

1) 

1 2 3 4 5

2) 

1 2 3 4 5

3) 

1 2 3 4 5

4) 

1 2 3 4 5

5) 

1 2 3 4 5

6) 

1 2 3 4 5

7 점의 수에 알맞게 ○표해 보세요.

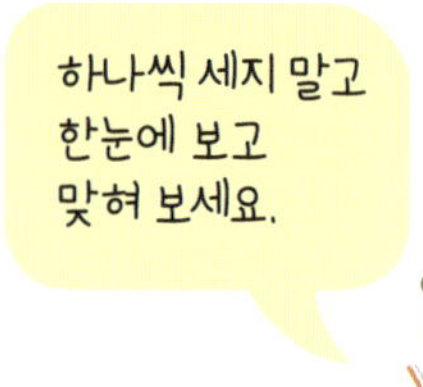

1)

1 2 3 4 5

2)

1 2 3 4 5

3)

1 2 3 4 5

4)

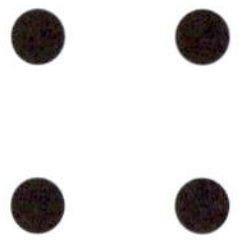

1 2 3 4 5

5)

1 2 3 4 5

6)

1 2 3 4 5

7)

1 2 3 4 5

8)

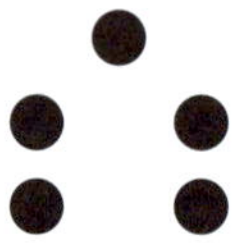

1 2 3 4 5

8 보기처럼 주어진 수만큼 묶어 보세요.

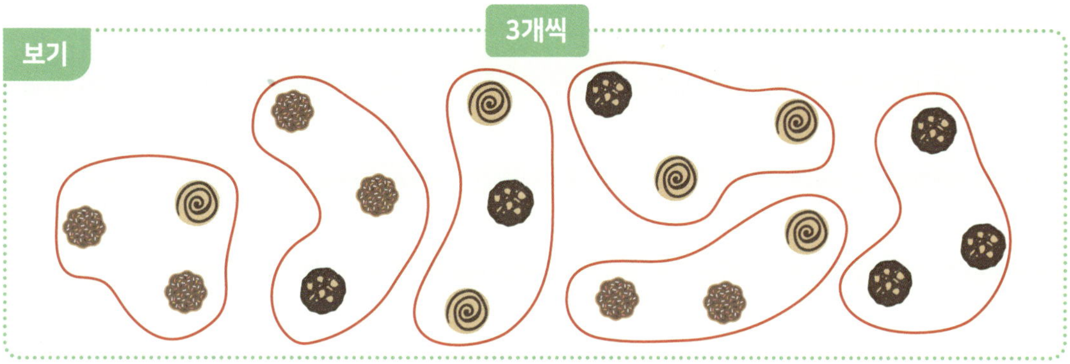

배움 2

5까지의 수 (2)

월 일

1 보기처럼 구슬을 옮기고 수에 알맞게 ○표해 보세요.

보기

1 2 ③ 4 5

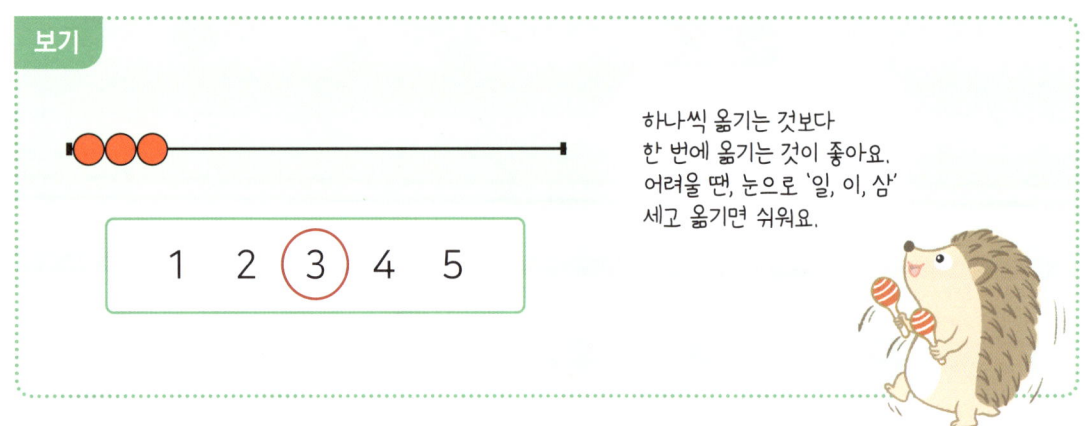

하나씩 옮기는 것보다
한 번에 옮기는 것이 좋아요.
어려울 땐, 눈으로 '일, 이, 삼'
세고 옮기면 쉬워요.

1) 

1 2 3 4 5

2) 

1 2 3 4 5

3) 

1 2 3 4 5

4) 

1 2 3 4 5

2 숫자만큼 구슬을 옮겨 보세요.

2 4 3 5 1

3 보기와 같이 점의 수에 알맞게 ○표해 보세요.

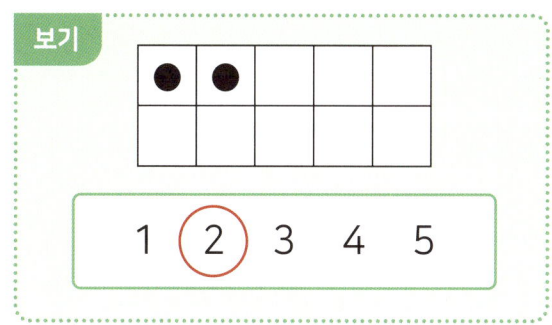

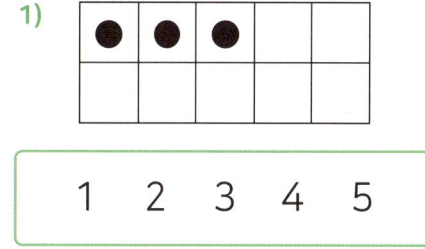

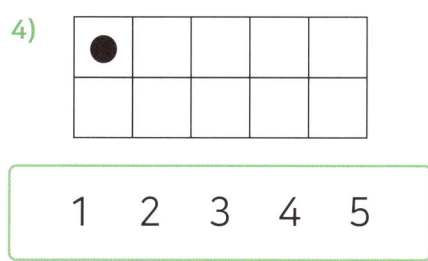

보기

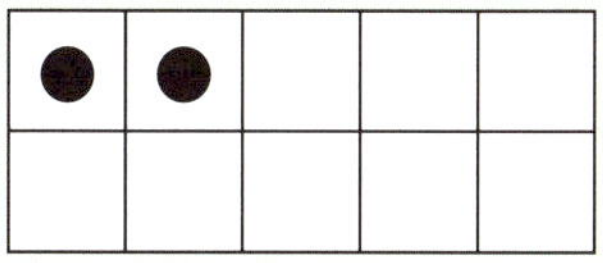

1 2 3 4 5

1)

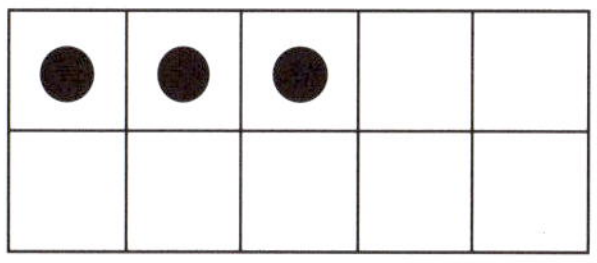

1 2 3 4 5

2)

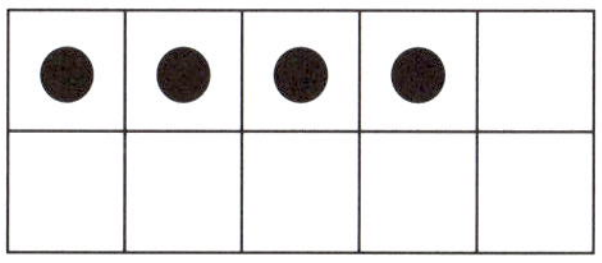

1 2 3 4 5

3)

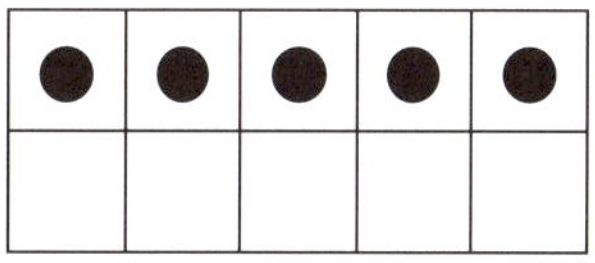

1 2 3 4 5

4)

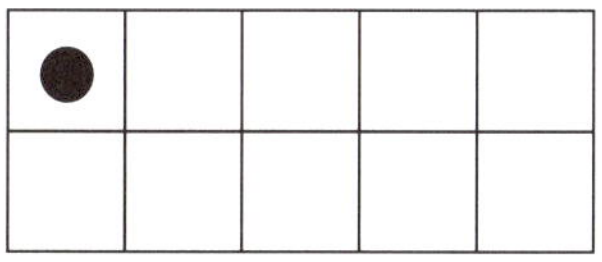

1 2 3 4 5

5)

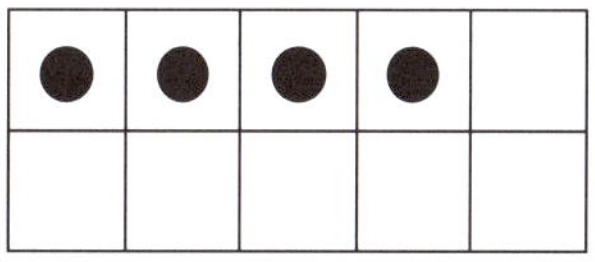

1 2 3 4 5

6)

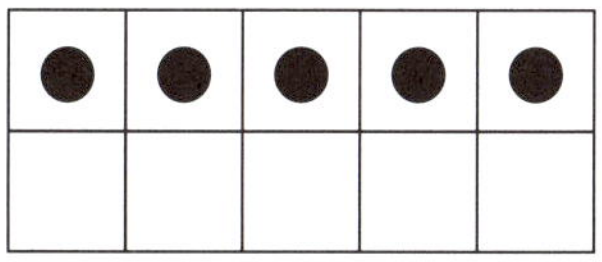

1 2 3 4 5

7)

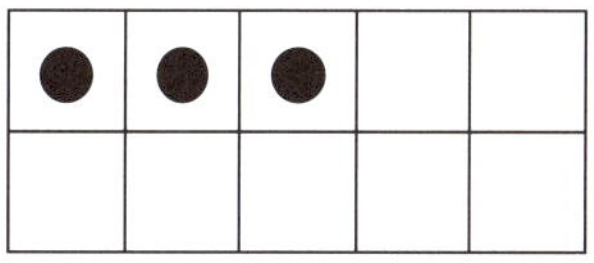

1 2 3 4 5

4 점의 수에 알맞게 ○표해 보세요.

1)

1 2 3 4 5

2)

1 2 3 4 5

3)

1 2 3 4 5

4)

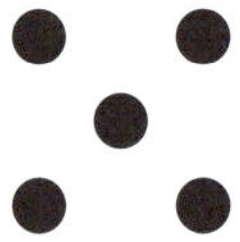

1 2 3 4 5

5)

1 2 3 4 5

6)

1 2 3 4 5

7)

1 2 3 4 5

8)

1 2 3 4 5

5 주어진 수만큼 묶어 보세요.

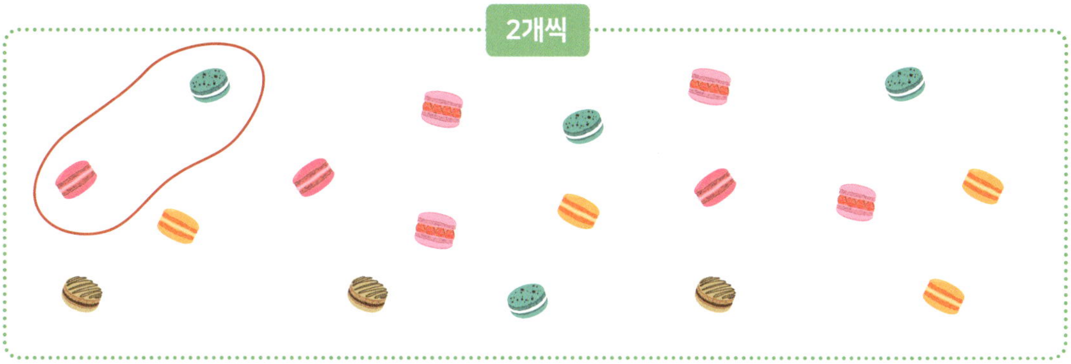

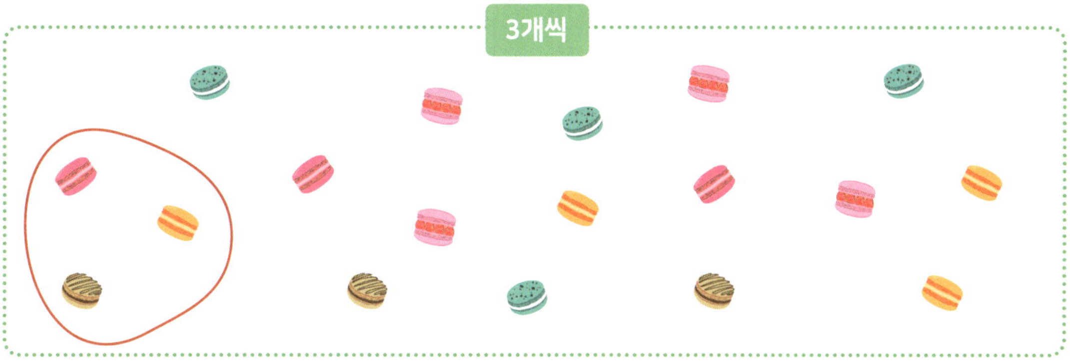

배움
3

5까지의 수 (3)

월 일

1 보기처럼 구슬을 옮기고 알맞은 수를 써 보세요.

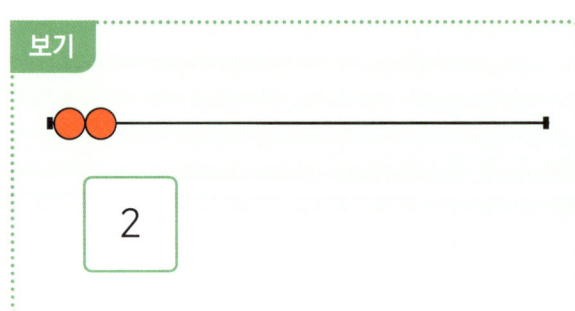

보기

2

1)

2)

3)

4)

5)

6)

7)

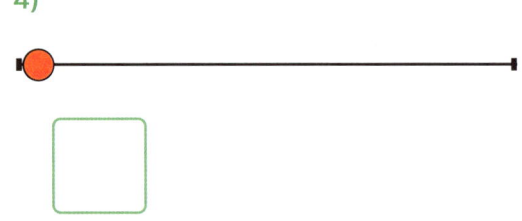

2 빈칸에 알맞은 수를 써 보세요.

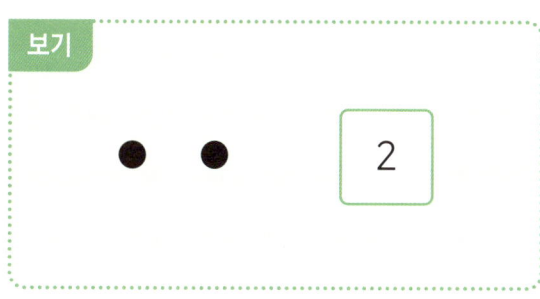

보기

 2

1)  □

2)  □

3)  □

4)  □

5)  □

6)  □

7)  □

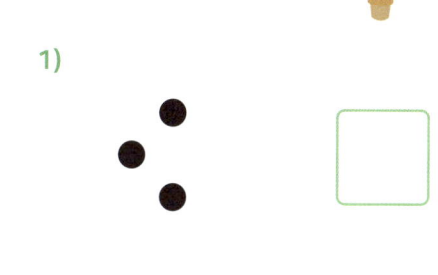

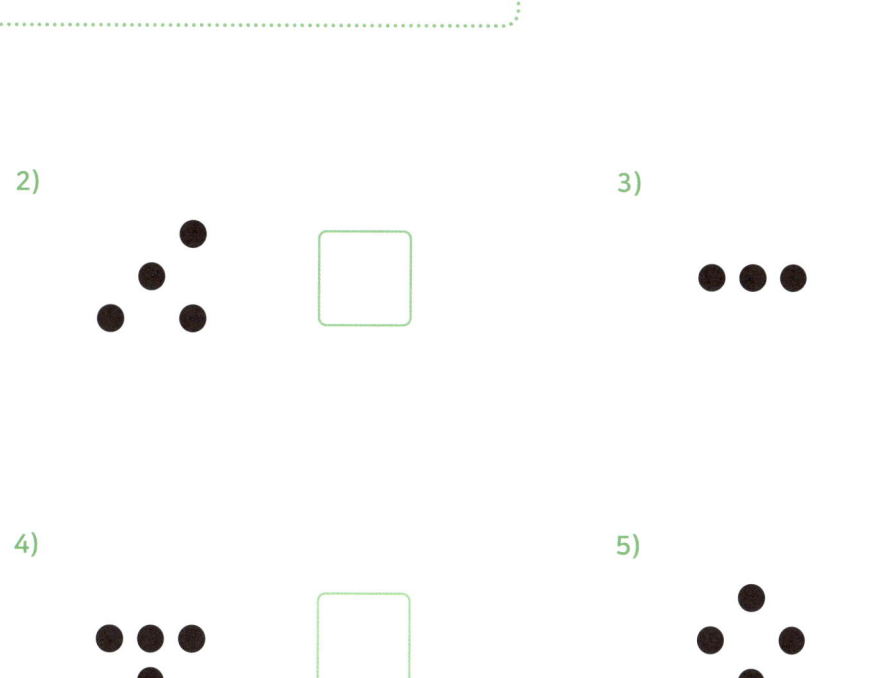

3 보기처럼 빈칸에 알맞은 수를 써 보세요.

보기

1	2	3	4	5

1)

1	2		4	5

2)

1		3	4	5

3)

1	2	3		5

4)

1	2	3	4	

5)

	2		4	5

6)

1		3		5

7)

	2		4	

8)

1		3		

4 보기를 참고하여 1 작은 수와 1 큰 수를 그려 보세요.

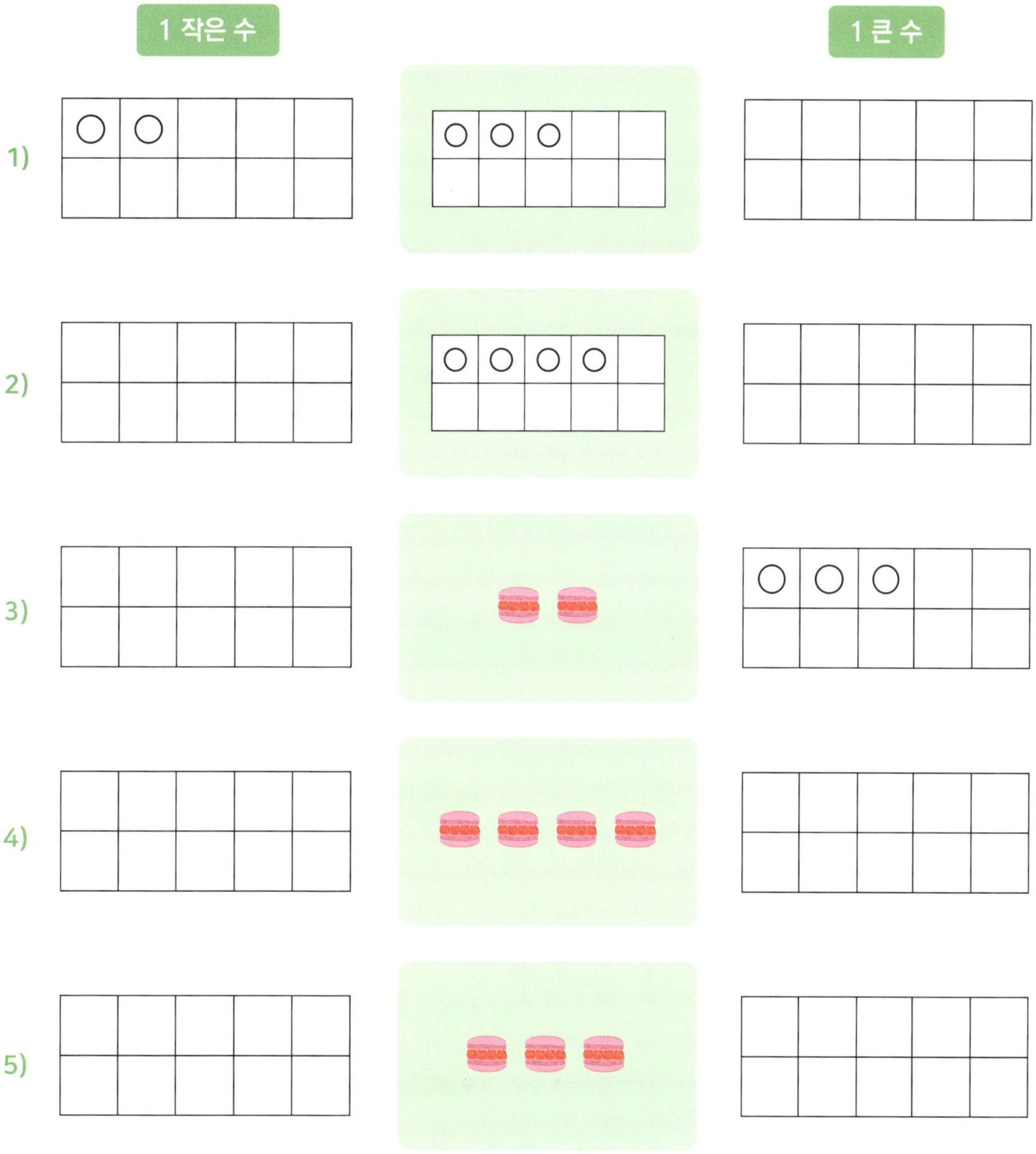

배움 4

3과 4가 되려면?

월 일

1 구슬은 모두 3개입니다. 3개가 되려면 몇 개 더 있어야 할까요?

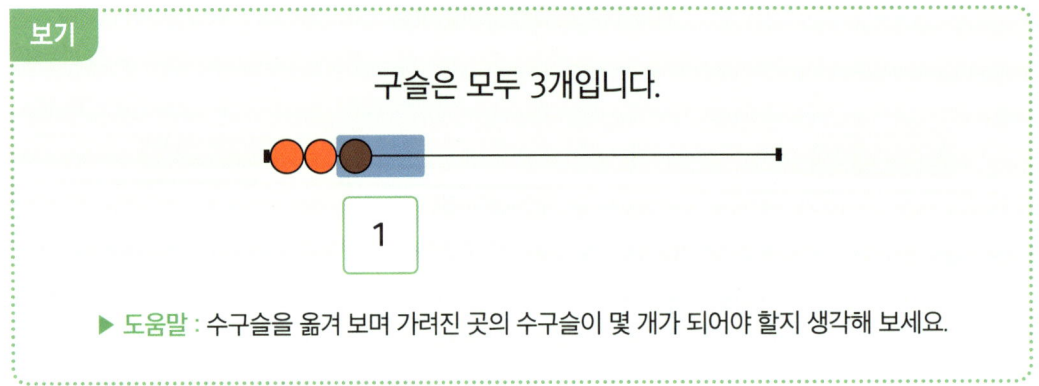

보기

구슬은 모두 3개입니다.

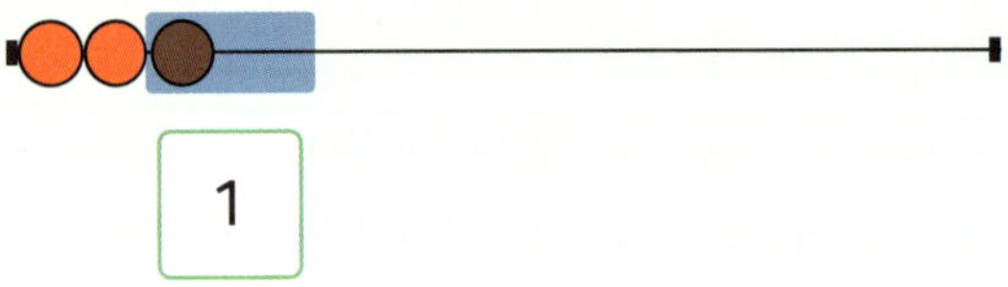

▶ 도움말 : 수구슬을 옮겨 보며 가려진 곳의 수구슬이 몇 개가 되어야 할지 생각해 보세요.

1) 모두 3개

2) 모두 3개

2 구슬은 모두 4개입니다. 4개가 되려면 몇 개 더 있어야 할까요?

1) 모두 4개

2) 모두 4개

3) 모두 4개

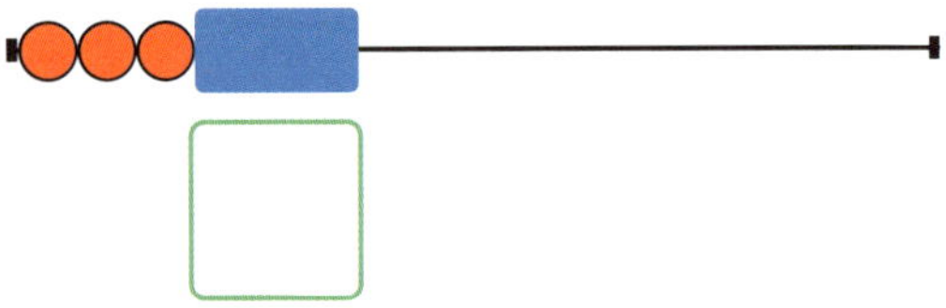

4) 모두 4개

3 보기와 같이 점의 수를 적어 주세요.

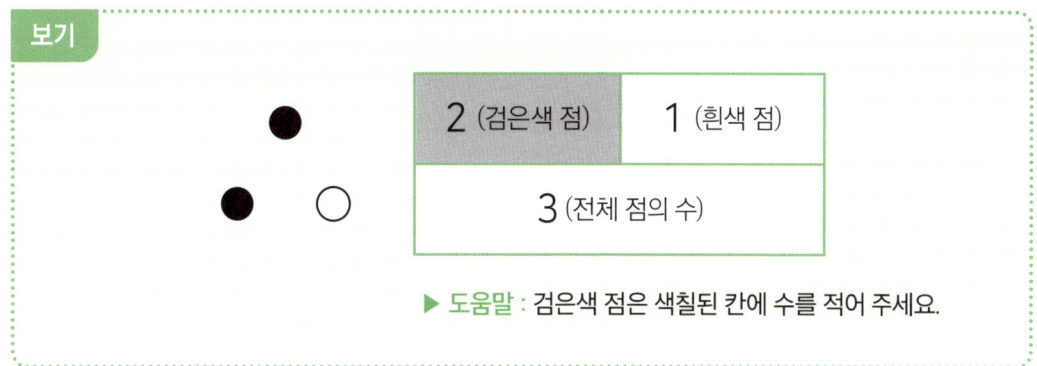

보기

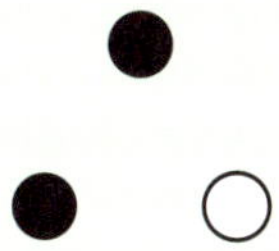

2 (검은색 점)	1 (흰색 점)
3 (전체 점의 수)	

▶ 도움말 : 검은색 점은 색칠된 칸에 수를 적어 주세요.

1)

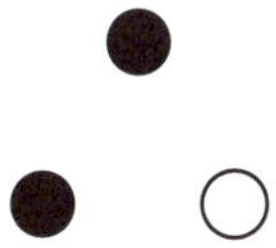

2	
3	

2)

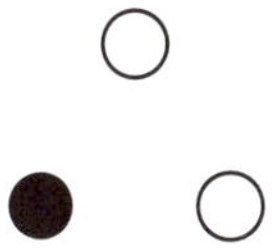

	2
3	

3)

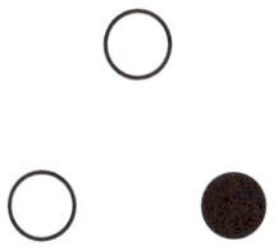

3	

4)

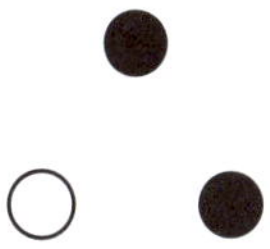

3	

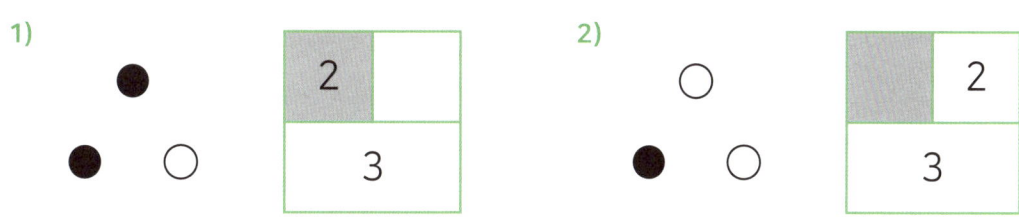

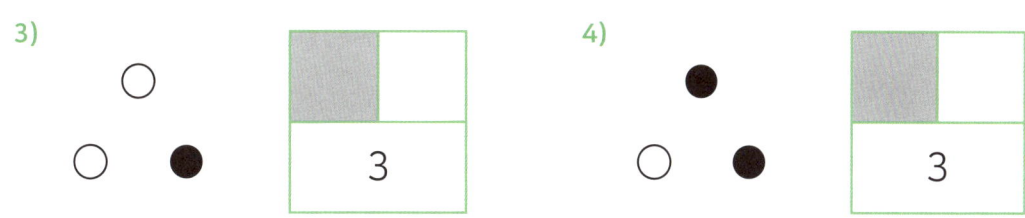

4 다음 빈칸에 알맞은 수를 넣어 보세요.

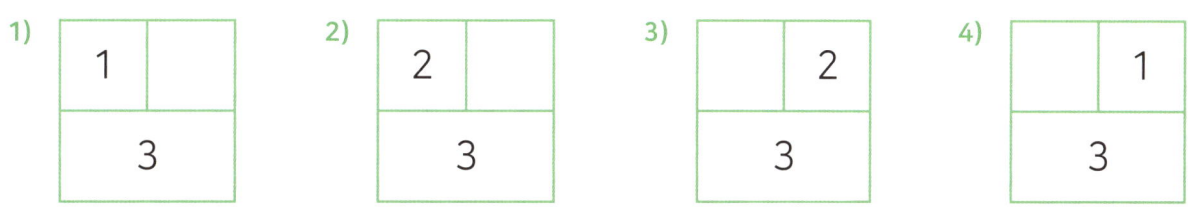

1)

1	
3	

2)

2	
3	

3)

	2
3	

4)

	1
3	

5 보기와 같이 점의 수를 적어 주세요.

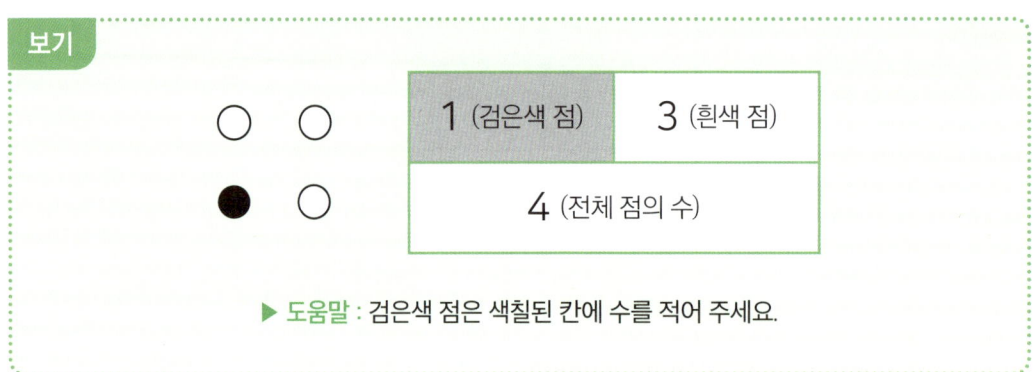

보기

○ ○
● ○

1 (검은색 점)	3 (흰색 점)
4 (전체 점의 수)	

▶ 도움말 : 검은색 점은 색칠된 칸에 수를 적어 주세요.

1)

○ ○
● ○

1	
4	

2)

○ ○
● ●

	2
4	

3)

○ ●
● ●

4	

4)

○ ○
○ ●

4	

6 다음 빈칸에 알맞은 수를 넣어 보세요.

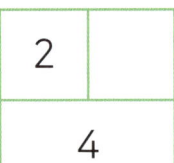

1)

2	
4	

2)

1	
4	

3)

3	
4	

4)

	1
4	

7 보기와 같이 덧셈을 해 보세요.

보기

1 + 2 = 3

▶ **도움말 :** 색칠되어 있는 칸은 색칠된 빈칸에 개수를 써 주세요.

1)

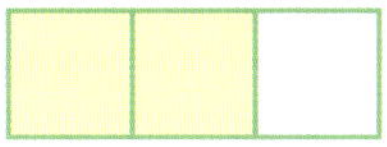

2 + □ = 3

2)

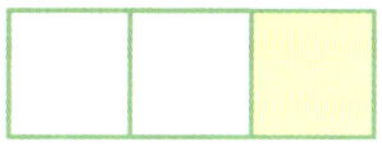

□ + 2 = 3

3)

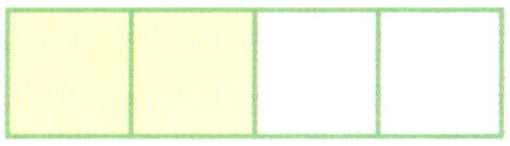

2 + □ = 4

4)

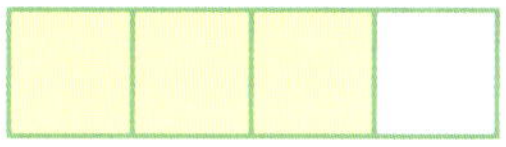

□ + 1 = 4

5)

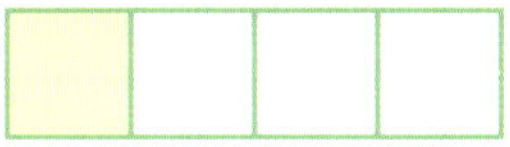

□ + □ = 4

6)

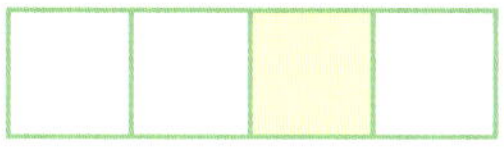

□ + □ = 4

8 빈칸에 알맞은 수를 넣어 보세요.

1) 1 + 1 = □

2) 1 + 2 = □

3) 2 + 2 = □

4) 1 + □ = 4

5) □ + 1 = 4

6) □ + 3 = 4

배움 5

3에서 빼기, 4에서 빼기

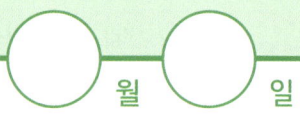

월 일

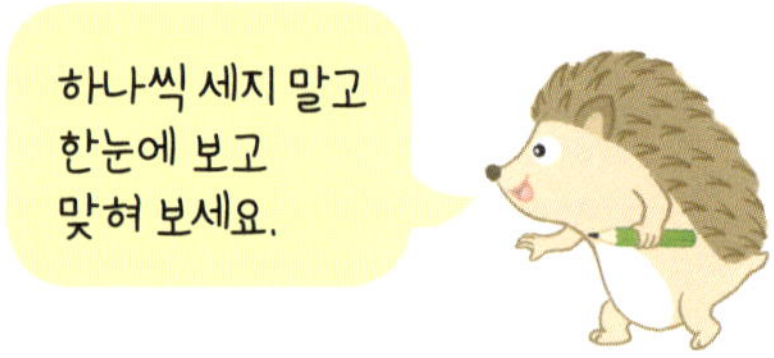

1 빈칸에 알맞은 수를 써 보세요.

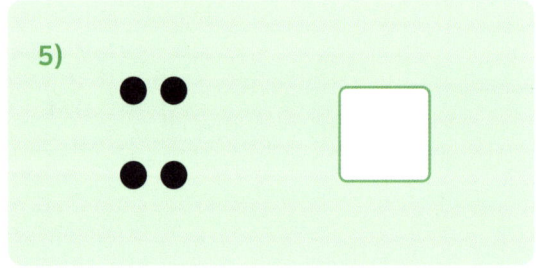

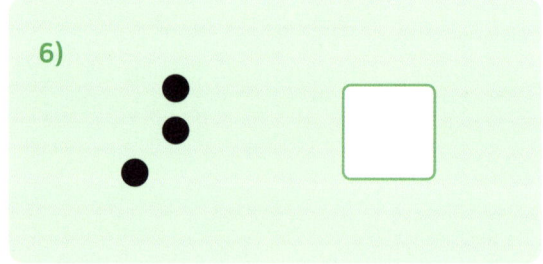

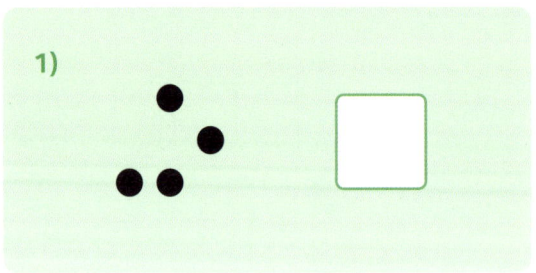

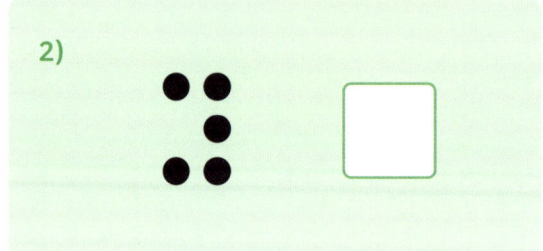

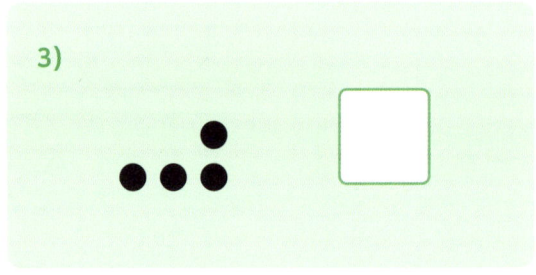

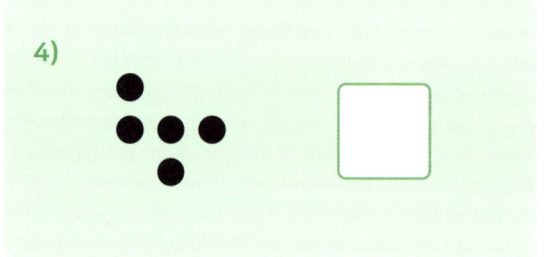

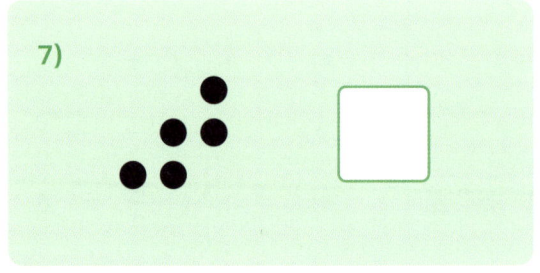

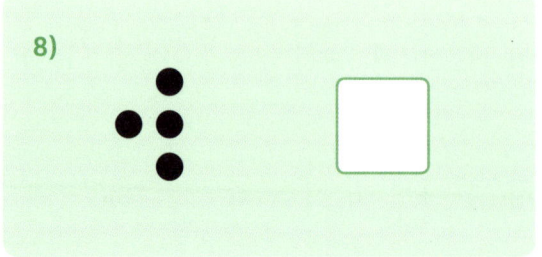

1)
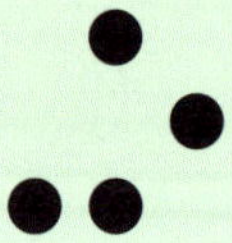
□

2)
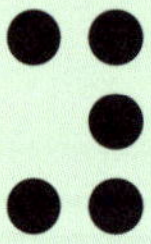
□

3)
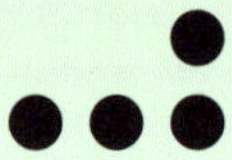
□

4)
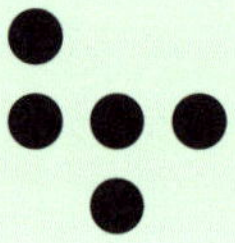
□

5)

□

6)

□

7)
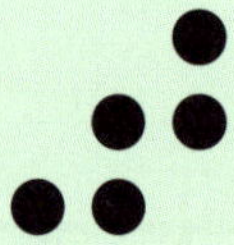
□

8)
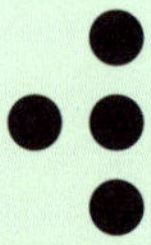
□

2 바구니 안의 사과의 수를 빈칸에 써 보세요.

사과는 모두  3개입니다.

보기

3개

3개

3 다음 빈칸에 알맞은 수를 넣어 보세요.

1)

3	
1	

2)

3	
	2

3)

3	
2	

4)

3	
	1

4 바구니 안의 사과의 수를 빈칸에 써 보세요.

사과는 모두  4개입니다.

5 다음 빈칸에 알맞은 수를 써 보세요.

1)

4	
1	

2)

4	
	3

3)

4	
2	

4)

4	
	1

6 구슬을 옮겨 가며 뺄셈을 해 보세요.

보기

$3 - 1 = \boxed{2}$

▶ 도움말 : 3개의 구슬 중 1개를 오른쪽으로 옮기면 2개가 남습니다.
익숙해지면 눈으로 옮긴다고 생각하며 문제를 풀어 보세요.

1) $3 - 2 = \square$

2) $3 - 1 = \square$

7 구슬을 옮겨 가며 뺄셈을 해 보세요.

보기

$4 - 1 = \boxed{3}$

▶ 도움말 : 4개의 구슬 중 1개를 오른쪽으로 옮기면 3개가 남습니다.
익숙해지면 눈으로 옮긴다고 생각하며 문제를 풀어 보세요.

1) $4 - 2 = \square$

2) $4 - 3 = \square$

3) $4 - 1 = \square$

4) $4 - 2 = \square$

배움 6

5가 되려면?

월 일

1 구슬은 모두 5개입니다. 5개가 되려면 몇 개 더 있어야 할까요?

보기

구슬은 모두 5개입니다.

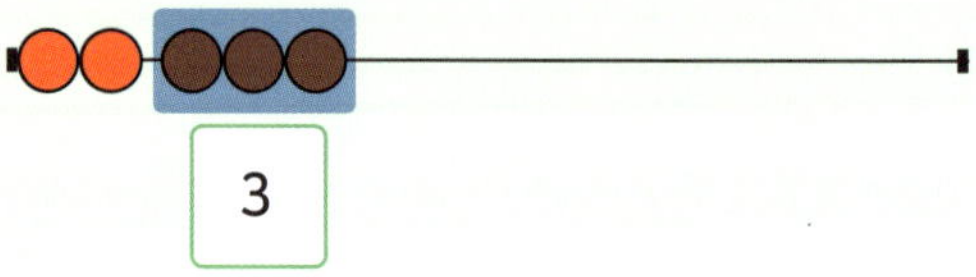

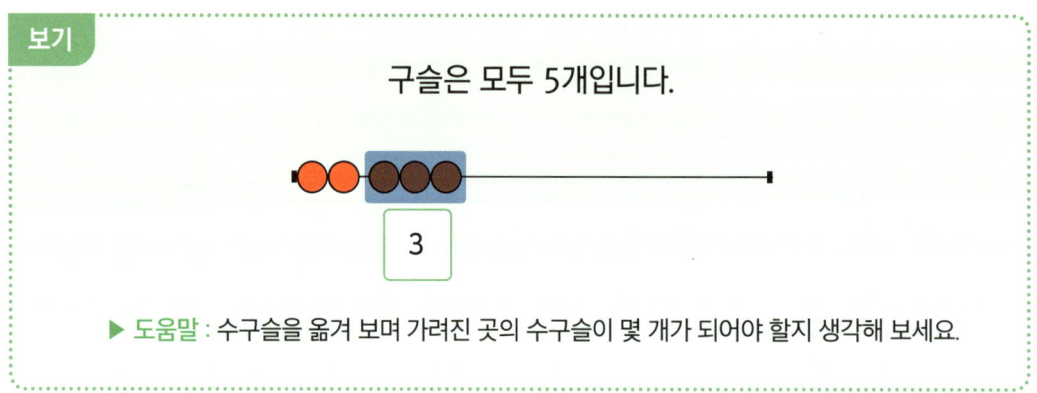

▶ 도움말 : 수구슬을 옮겨 보며 가려진 곳의 수구슬이 몇 개가 되어야 할지 생각해 보세요.

1) 모두 5개

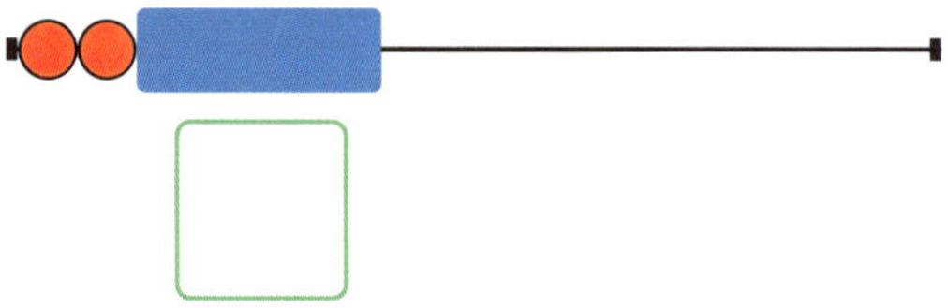

2) 모두 5개

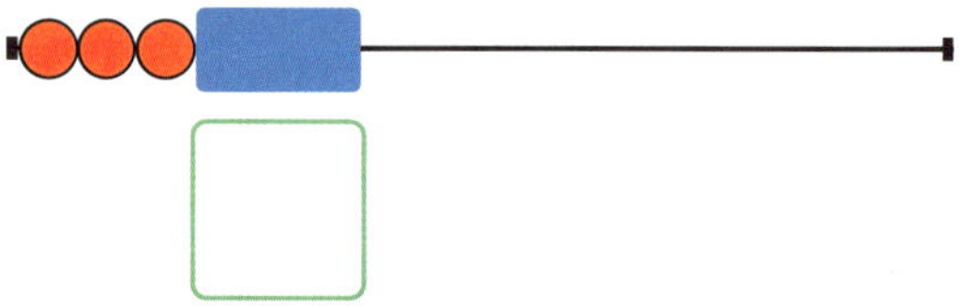

3) 모두 5개

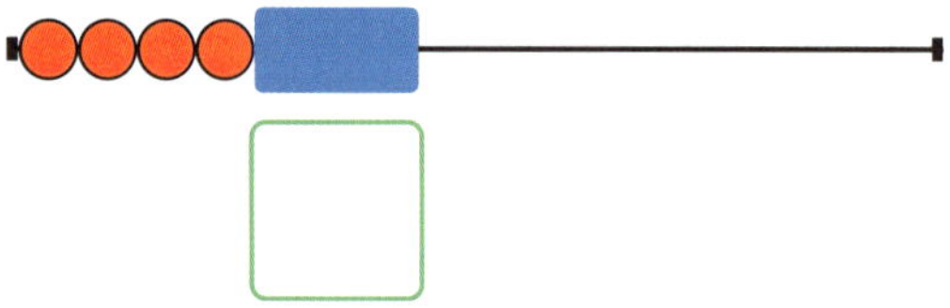

4) 모두 5개

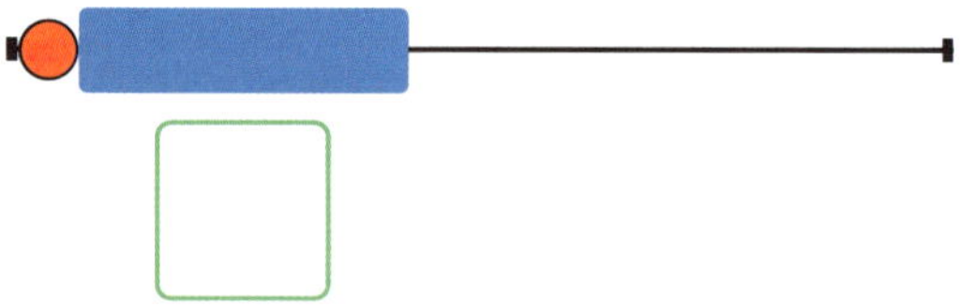

5) 모두 5개

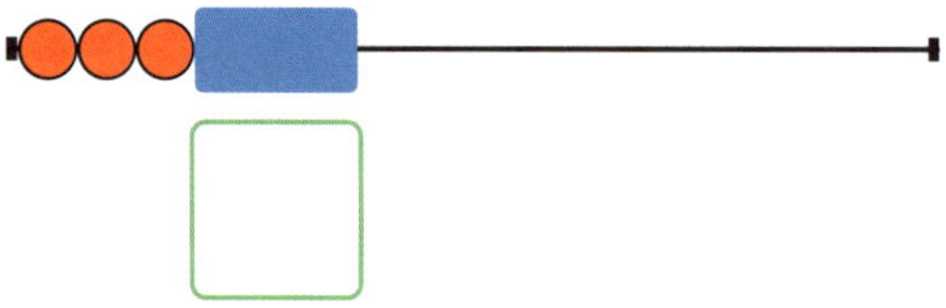

6) 모두 5개

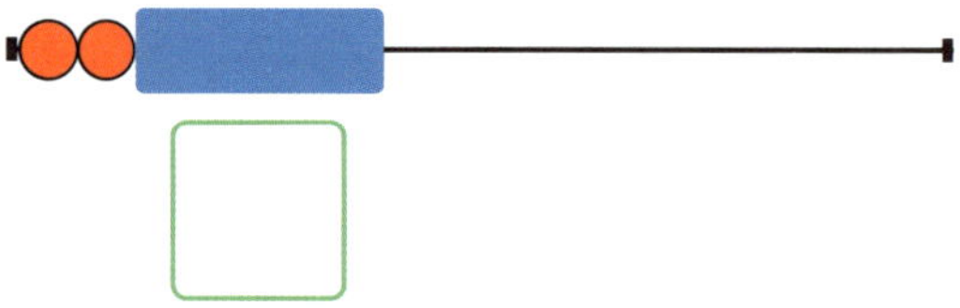

2 보기와 같이 점의 수를 써 보세요.

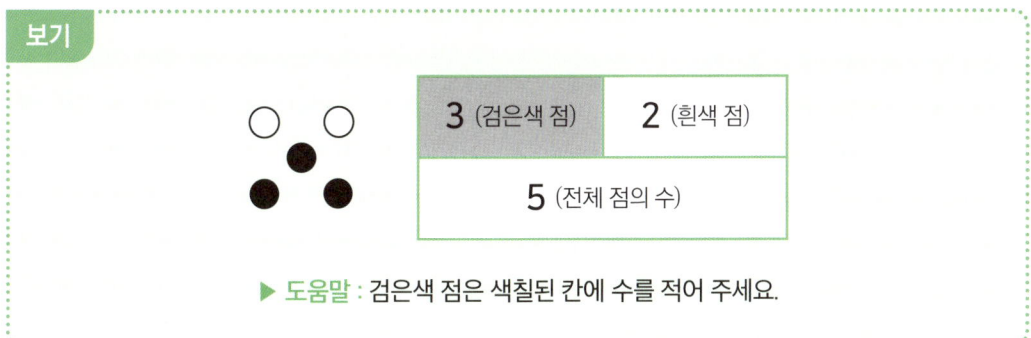

보기

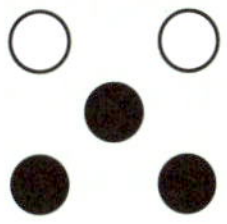

3 (검은색 점)	2 (흰색 점)
5 (전체 점의 수)	

▶ 도움말 : 검은색 점은 색칠된 칸에 수를 적어 주세요.

1)

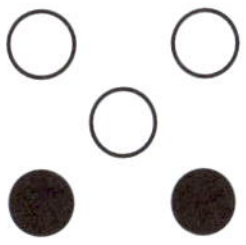

2	
5	

2)

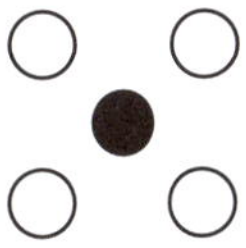

	4
5	

3)

5	

4)

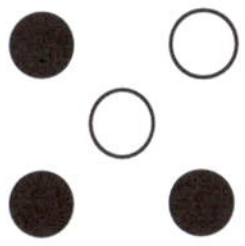

5	

5)

5	

6)

5	

7)

5	

8)

5	

3 다음 빈칸에 알맞은 수를 써 보세요.

1)
<table><tr><td>2</td><td></td></tr><tr><td colspan="2">5</td></tr></table>

2)
<table><tr><td>4</td><td></td></tr><tr><td colspan="2">5</td></tr></table>

3)
<table><tr><td>1</td><td></td></tr><tr><td colspan="2">5</td></tr></table>

4)
<table><tr><td>3</td><td></td></tr><tr><td colspan="2">5</td></tr></table>

5)
<table><tr><td></td><td>4</td></tr><tr><td colspan="2">5</td></tr></table>

6)
<table><tr><td></td><td>3</td></tr><tr><td colspan="2">5</td></tr></table>

7)
<table><tr><td></td><td>1</td></tr><tr><td colspan="2">5</td></tr></table>

8)
<table><tr><td></td><td>2</td></tr><tr><td colspan="2">5</td></tr></table>

9)
<table><tr><td></td><td>3</td></tr><tr><td colspan="2">5</td></tr></table>

10)
<table><tr><td>1</td><td></td></tr><tr><td colspan="2">5</td></tr></table>

4 보기처럼 다음 덧셈을 해 보세요.

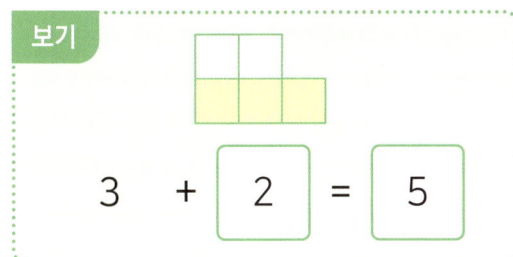

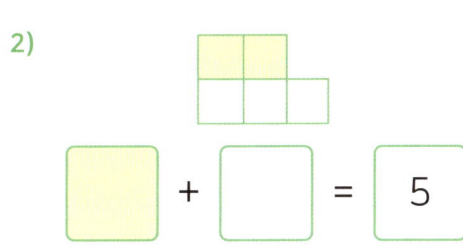

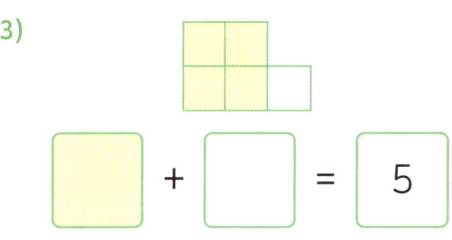

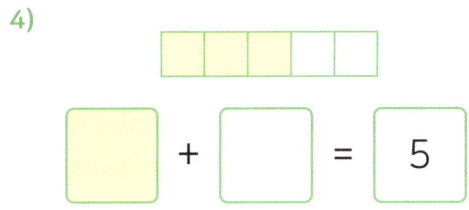

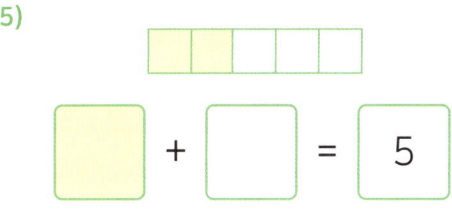

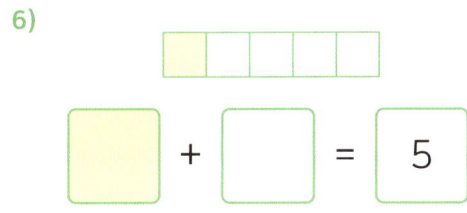

보기

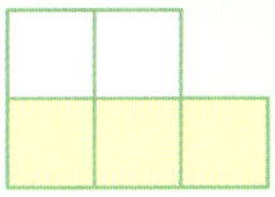

3 + 2 = 5

1)

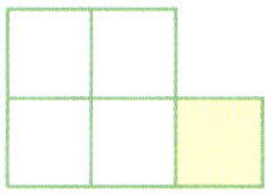

□ + 4 = 5

2)

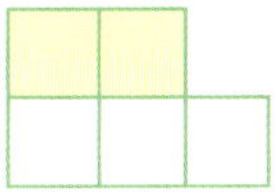

□ + □ = 5

3)

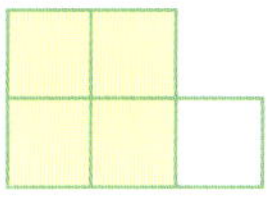

□ + □ = 5

4)

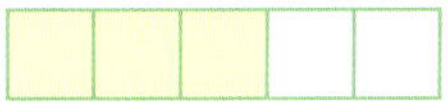

□ + □ = 5

5)

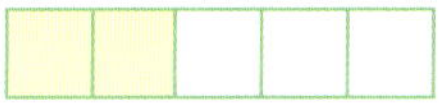

□ + □ = 5

6)

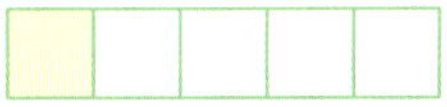

□ + □ = 5

7)

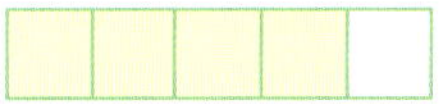

□ + □ = 5

5 다음 덧셈을 해 보세요.

1) 2 + □ = 5 2) 4 + □ = 5 3) 1 + □ = 5

4) 3 + □ = 5 5) □ + 1 = 5 6) □ + 3 = 5

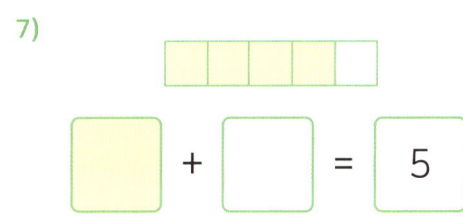

배움 7

5까지 수의 덧셈 다지기

월 일

1 빈칸에 알맞은 수를 써 보세요.

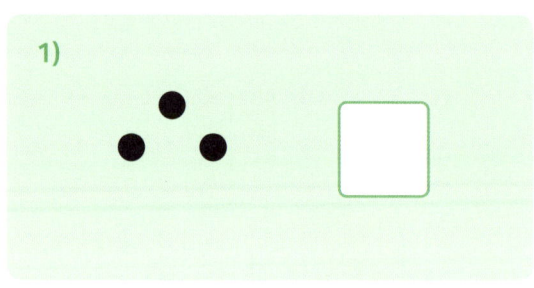

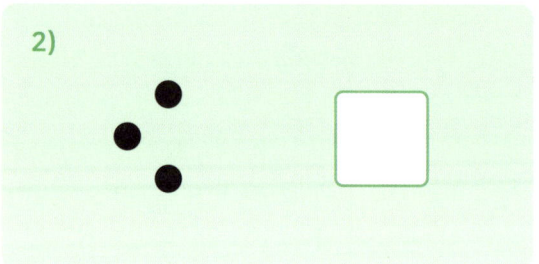

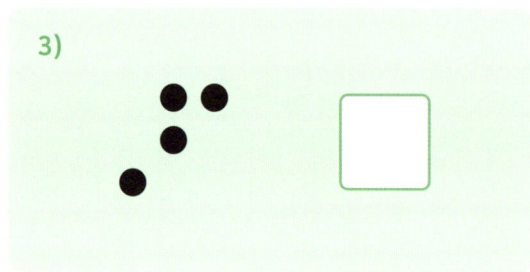

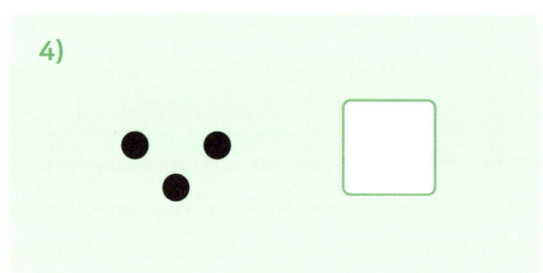

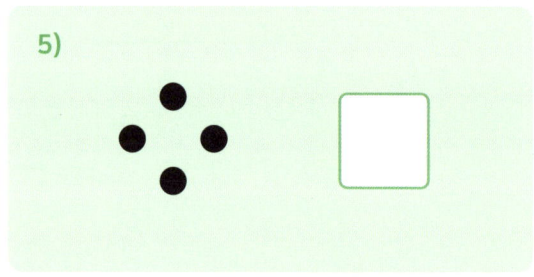

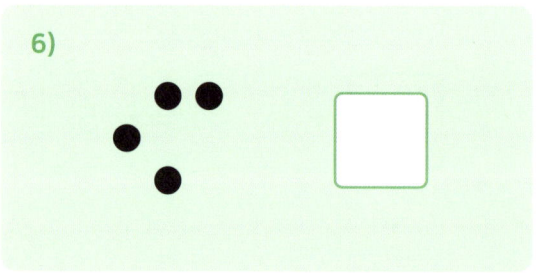

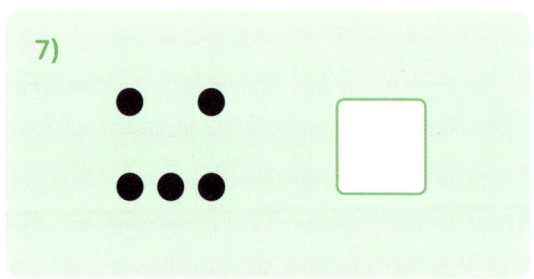

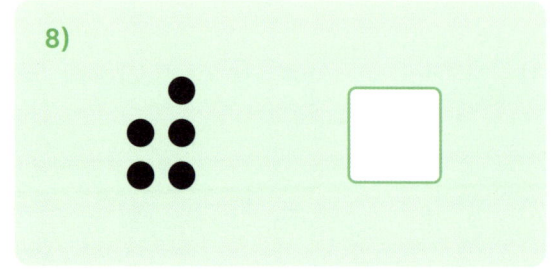

1) 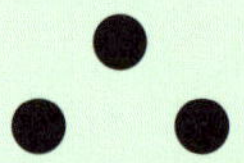 □

2)  □

3) 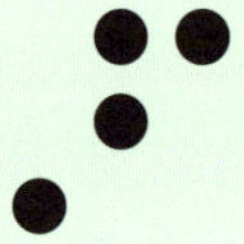 □

4) 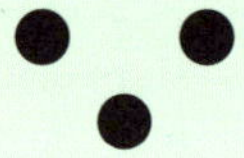 □

5) 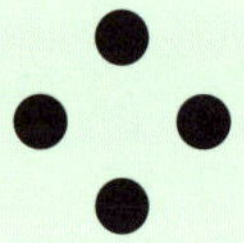 □

6) 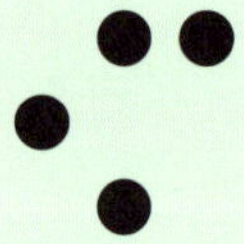 □

7) 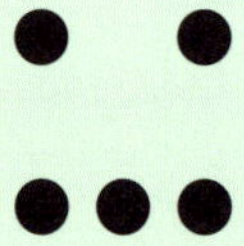 □

8)  □

2 수에 알맞게 이어 보세요.

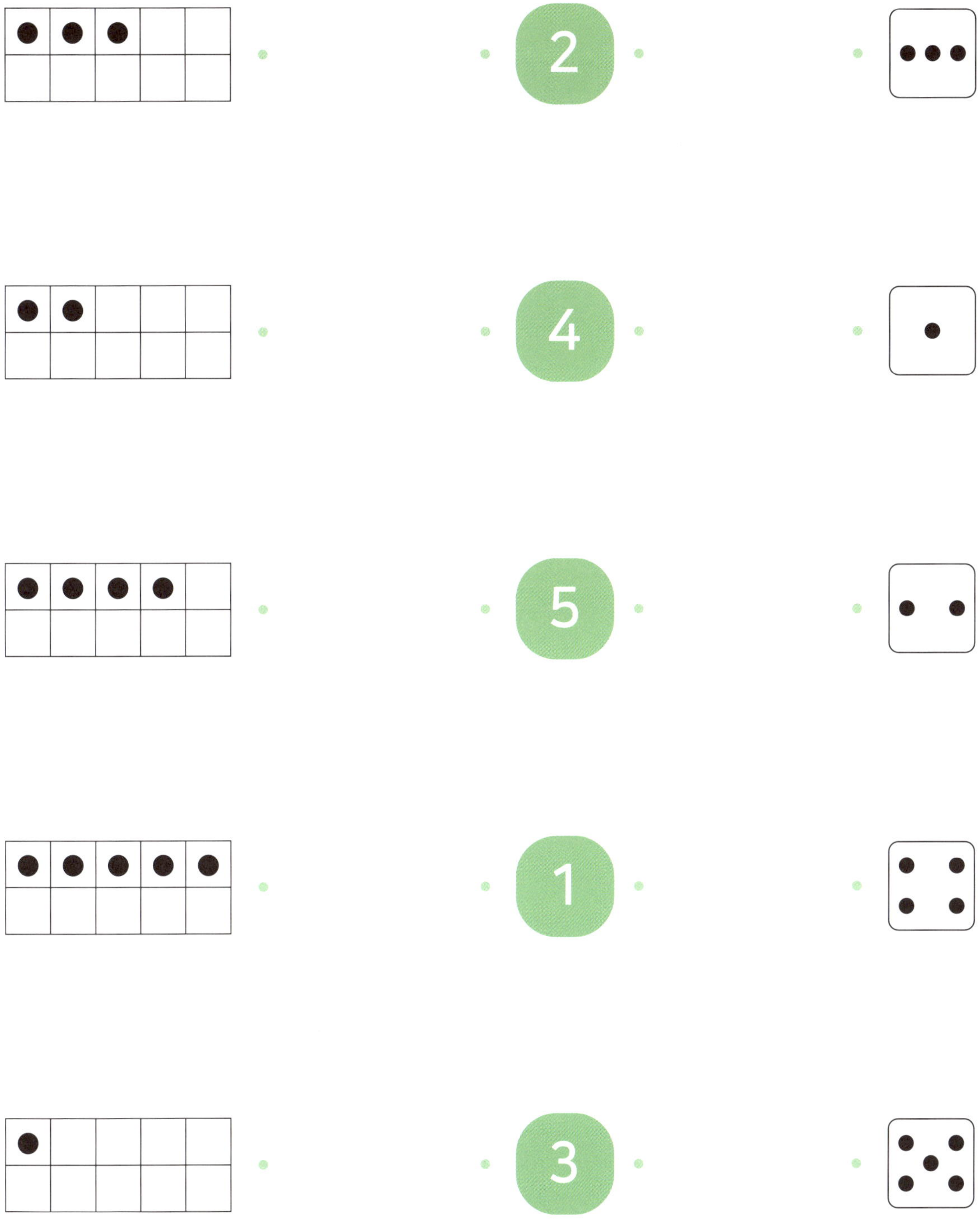

3 다음 빈칸에 알맞은 수를 써 보세요.

1)

<table><tr><td>1</td><td></td></tr><tr><td colspan="2">2</td></tr></table>

2)

<table><tr><td>2</td><td></td></tr><tr><td colspan="2">3</td></tr></table>

3)

<table><tr><td>1</td><td></td></tr><tr><td colspan="2">3</td></tr></table>

4)

<table><tr><td>3</td><td></td></tr><tr><td colspan="2">4</td></tr></table>

5)

<table><tr><td></td><td>2</td></tr><tr><td colspan="2">4</td></tr></table>

6)

<table><tr><td></td><td>3</td></tr><tr><td colspan="2">5</td></tr></table>

7)

<table><tr><td></td><td>1</td></tr><tr><td colspan="2">5</td></tr></table>

8)

<table><tr><td></td><td>2</td></tr><tr><td colspan="2">5</td></tr></table>

9)

<table><tr><td></td><td>3</td></tr><tr><td colspan="2">5</td></tr></table>

10)

<table><tr><td>4</td><td></td></tr><tr><td colspan="2">5</td></tr></table>

4 다음 덧셈을 해 보세요.

1) $1 + 1 = \square$

2) $1 + 2 = \square$

3) $3 + 1 = \square$

4) $2 + 2 = \square$

5) $1 + 3 = \square$

6) $2 + 3 = \square$

7) $1 + 4 = \square$

8) $3 + 2 = \square$

9) $4 + \square = 5$

10) $2 + \square = 4$

11) $2 + \square = 3$

12) $3 + \square = 5$

배움 8

5에서 빼기

월 일

1 바구니 안의 사과의 수를 빈칸에 써 보세요.

사과는 모두  5개입니다.

보기

5개

5개

5개

5개

5개

5개

2 다음 빈칸에 알맞은 수를 넣어 보세요.

1)

<table><tr><td colspan="2">5</td></tr><tr><td></td><td>3</td></tr></table>

2)

<table><tr><td colspan="2">5</td></tr><tr><td></td><td>2</td></tr></table>

3)

<table><tr><td colspan="2">5</td></tr><tr><td></td><td>4</td></tr></table>

4)

<table><tr><td colspan="2">5</td></tr><tr><td></td><td>1</td></tr></table>

5)

<table><tr><td colspan="2">5</td></tr><tr><td>1</td><td></td></tr></table>

6)

<table><tr><td colspan="2">5</td></tr><tr><td>2</td><td></td></tr></table>

7)

<table><tr><td colspan="2">5</td></tr><tr><td>4</td><td></td></tr></table>

8)

<table><tr><td colspan="2">5</td></tr><tr><td>3</td><td></td></tr></table>

9)

<table><tr><td colspan="2">5</td></tr><tr><td>2</td><td></td></tr></table>

10)

<table><tr><td colspan="2">5</td></tr><tr><td></td><td>1</td></tr></table>

3 구슬을 옮겨 가며 뺄셈을 해 보세요. 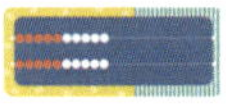

보기

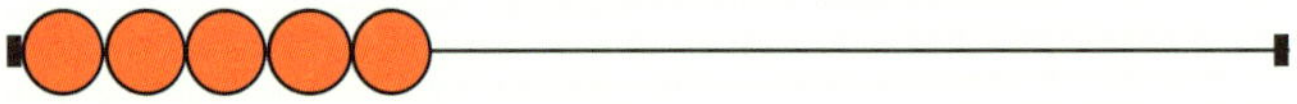

$5 - 2 = \boxed{3}$

▶ **도움말 :** 5개의 구슬 중 2개를 오른쪽으로 옮기면 3개가 남습니다.
익숙해지면 눈으로 옮긴다고 생각하며 문제를 풀어 보세요.

1) $5 - 1 = \square$

2) $5 - 3 = \square$

3) $5 - 2 = \square$

4) $5 - 4 = \square$

5) $5 - 3 = \square$

6) $5 - 2 = \square$

7) $5 - 4 = \square$

8) $5 - 1 = \square$

4 다음 뺄셈을 해 보세요.

1) $2 - 1 = \square$

2) $3 - 2 = \square$

3) $3 - 1 = \square$

4) $4 - 2 = \square$

5) $4 - 3 = \square$

6) $5 - 3 = \square$

7) $5 - 4 = \square$

8) $5 - 2 = \square$

9) $5 - \square = 2$

10) $5 - \square = 1$

11) $5 - \square = 4$

12) $5 - \square = 3$

5까지 수의 뺄셈 다지기

월 일

1 빈칸에 알맞은 수를 써 보세요.

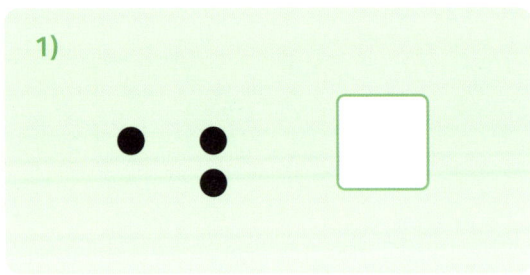

1)

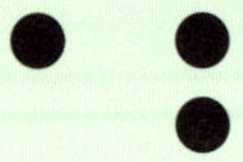

2)

3)

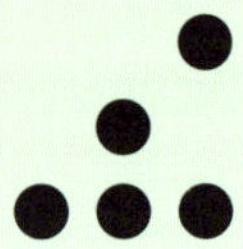

4)

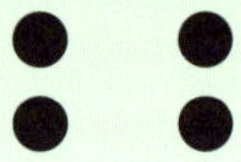

5)

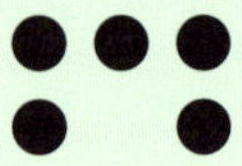

6)

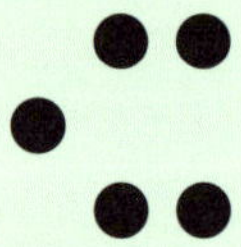

7)

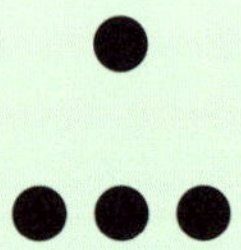

8)

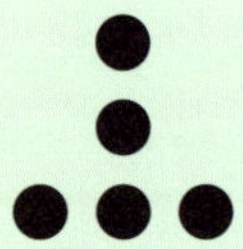

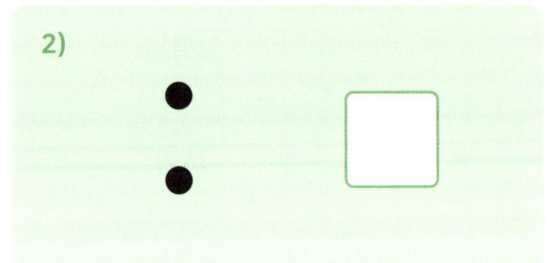

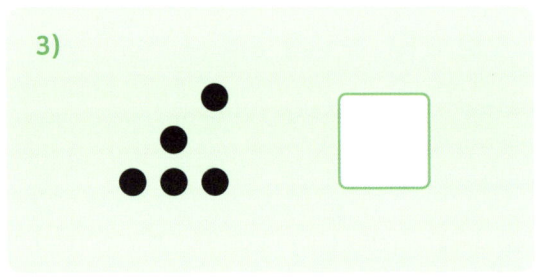

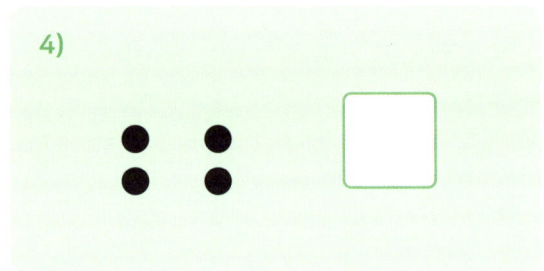

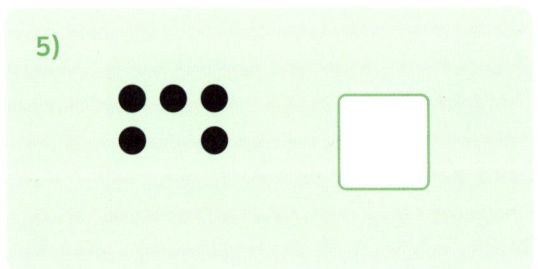

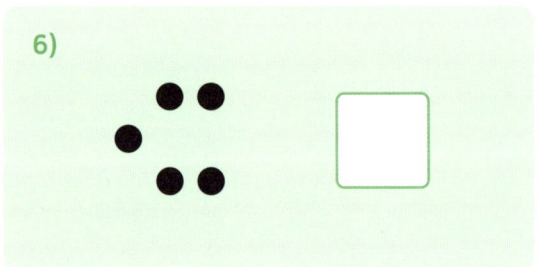

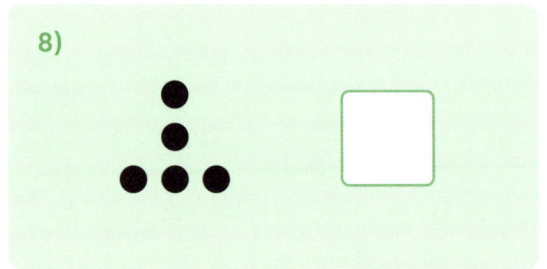

2 수에 알맞게 이어 보세요.

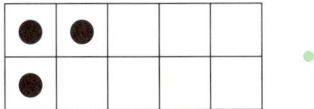

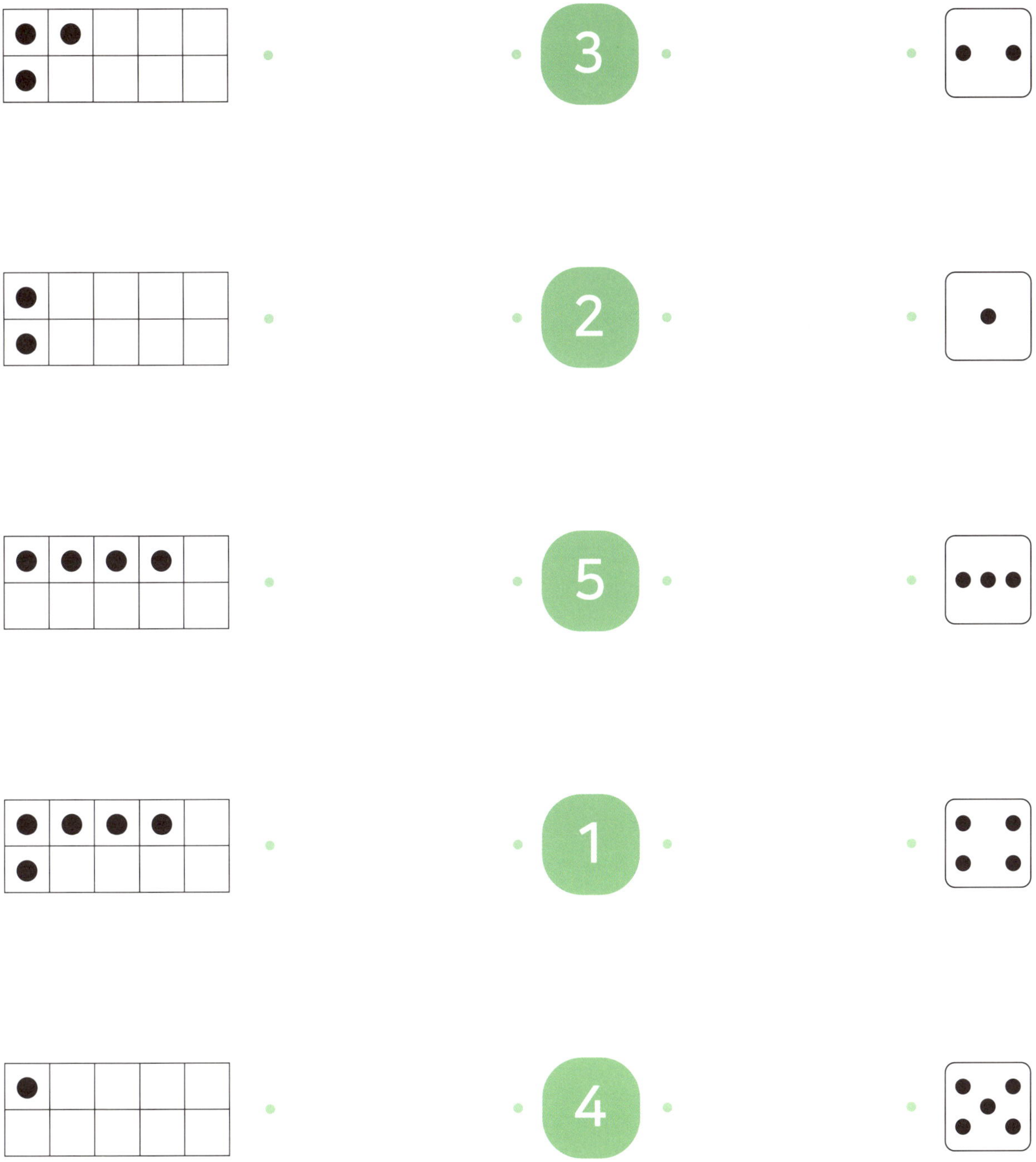

3 다음 빈칸에 알맞은 수를 써 보세요.

1)

1	
3	

2)

2	
3	

3)

	2
4	

4)

3	
4	

5)

1	
5	

6)

	3
5	

7)

	1
5	

8)

	2
5	

9)

	3
5	

10)

	4
5	

4 다음 뺄셈을 해 보세요.

1) $3 - 1 = \square$

2) $4 - 1 = \square$

3) $2 - 1 = \square$

4) $4 - 2 = \square$

5) $4 - 3 = \square$

6) $5 - 3 = \square$

7) $5 - 4 = \square$

8) $5 - 2 = \square$

9) $5 - 1 = \square$

10) $5 - 3 = \square$

11) $5 - 4 = \square$

12) $5 - 2 = \square$

배움 10

5까지 수의 덧셈과 뺄셈

월 일

1 빈칸에 알맞은 수를 써 보세요.

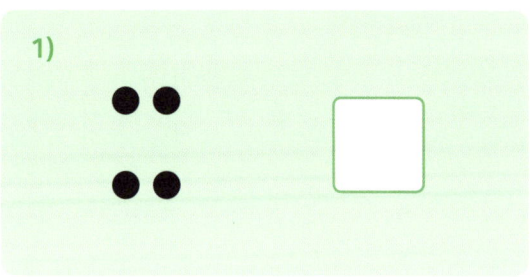

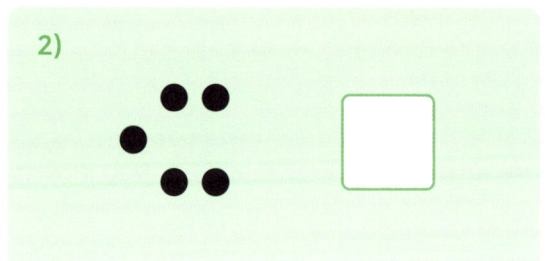

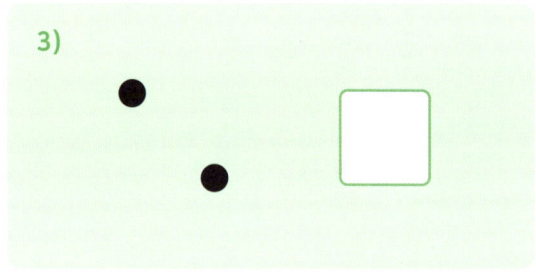

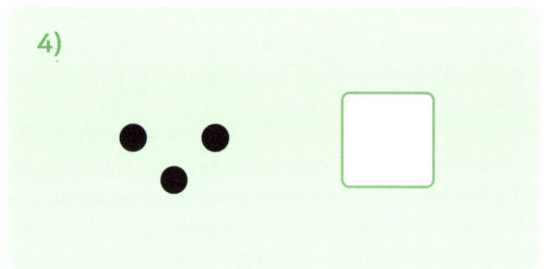

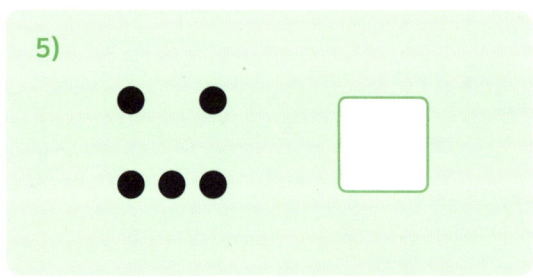

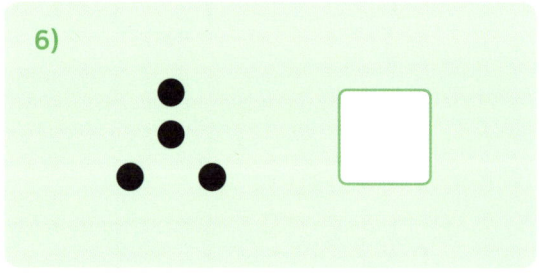

1)

2)

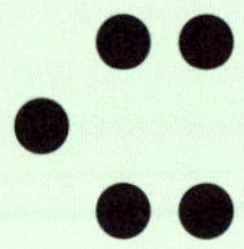

3)

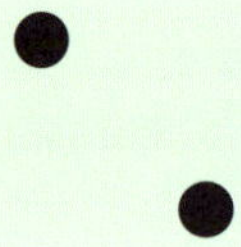

4)

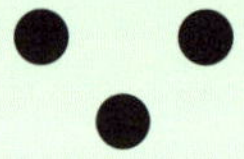

5)

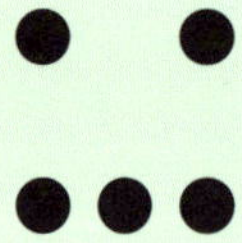

6)

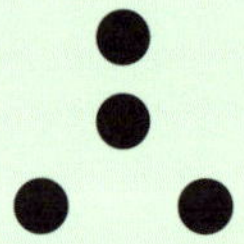

7)

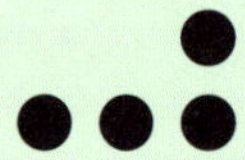

8)

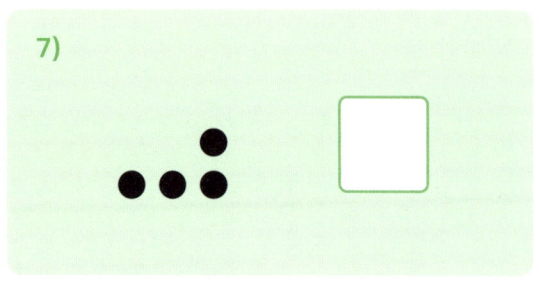

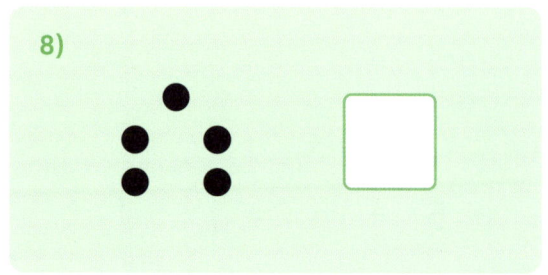

2 빈칸에 알맞은 숫자를 써 보세요.

1)

	+1
1	2
2	
3	
4	

2)

	−1
2	1
3	
4	
5	

3)

	+2
1	
2	
3	

4)

	−2
3	
4	
5	

5)

	+3
1	
2	

6)

	−3
4	
5	

3 다음 빈칸에 알맞은 수를 넣어 보세요.

1)

	+1
3	
2	
4	
1	

2)

	−1
3	
5	
4	
2	

3)

	+2
3	
2	
1	

4)

	−2
5	
3	
4	

5)

	+3
2	
1	

6)

	−3
5	
4	

4 다음 계산을 해 보세요.

1) $2 + 1 = \square$

2) $2 - 1 = \square$

3) $3 - 2 = \square$

4) $2 + 3 = \square$

5) $1 + 3 = \square$

6) $2 + 2 = \square$

7) $4 - 1 = \square$

8) $3 - 2 = \square$

9) $5 - 3 = \square$

10) $5 - 2 = \square$

11) $2 + 3 = \square$

12) $3 + 2 = \square$

13) $5 - 3 = \square$

14) $5 - 4 = \square$

2단원

10까지의 수

배움 11

6부터 10까지의 수 (1)

월 일

1 6부터 10까지 손가락을 펴면서 수를 세어 보고, 거꾸로 10부터 6까지 손가락을 접으면서 수를 세어 보세요.

1) 육 칠 팔 구 십

2) 십 구 팔 칠 육

2 다음 각 카드의 숫자를 보고 손가락을 한번에 펴 보세요.

10 6 7 9

3 손가락의 수와 알맞은 숫자에 ○표해 보세요.

1)

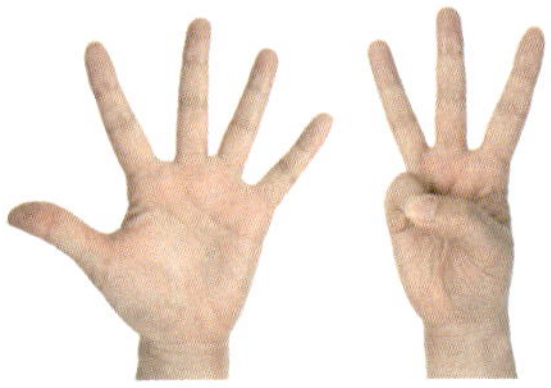

6 7 8 9 10

2)

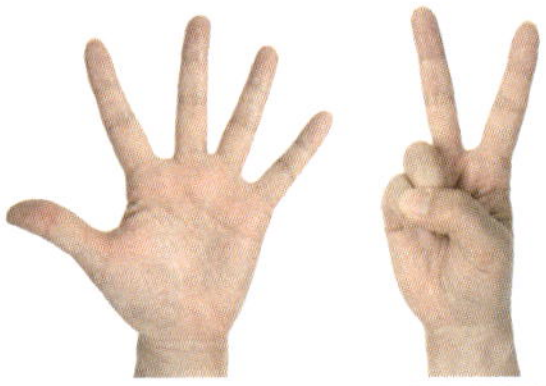

6 7 8 9 10

3)

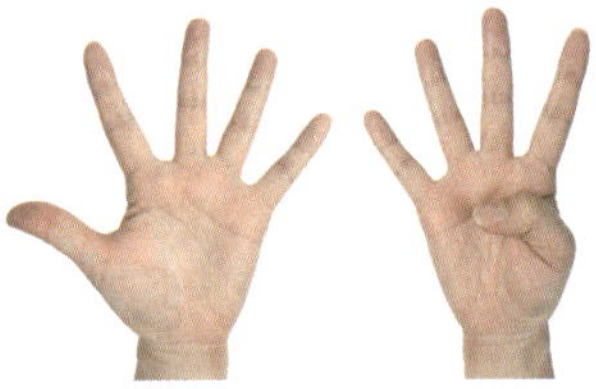

6 7 8 9 10

4)

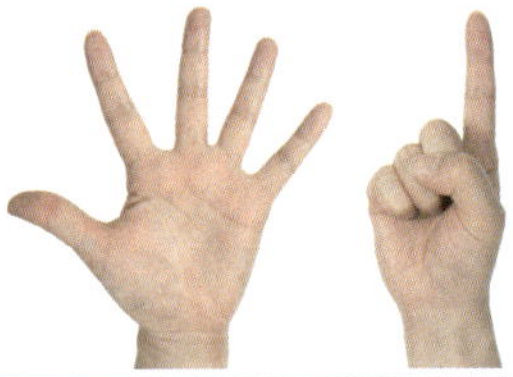

6 7 8 9 10

5)

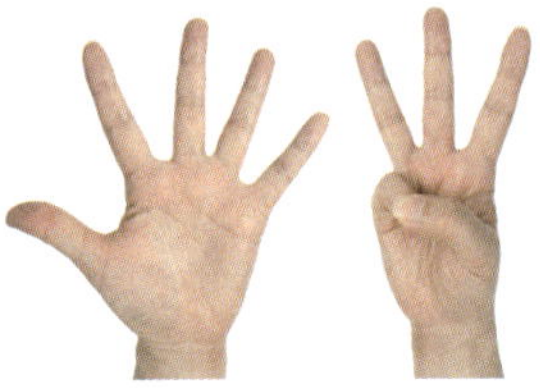

6 7 8 9 10

6)

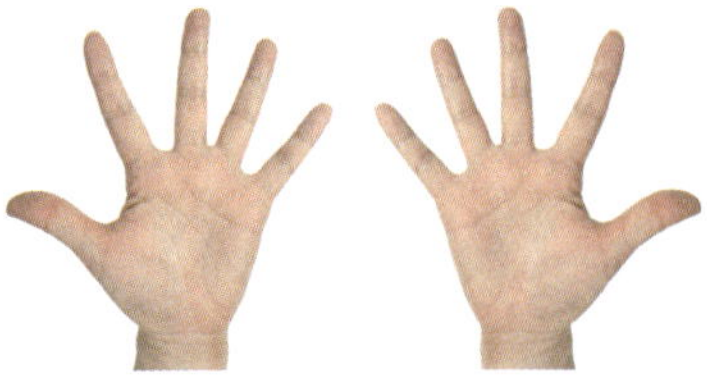

6 7 8 9 10

4 1부터 10까지 수를 말하면서 구슬을 옮겨 보세요.

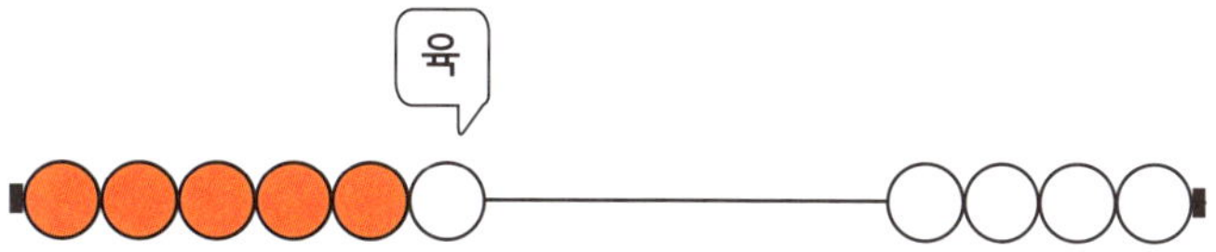

5 10부터 1까지 거꾸로 수를 말하면서 구슬을 옮겨 보세요.

6 보기처럼 구슬을 옮기고 수에 알맞게 ○표해 보세요. 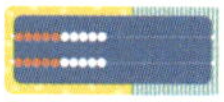

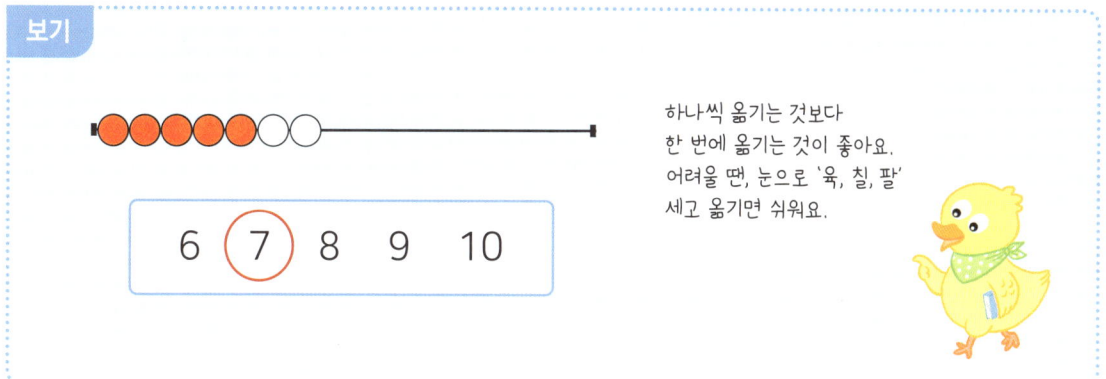

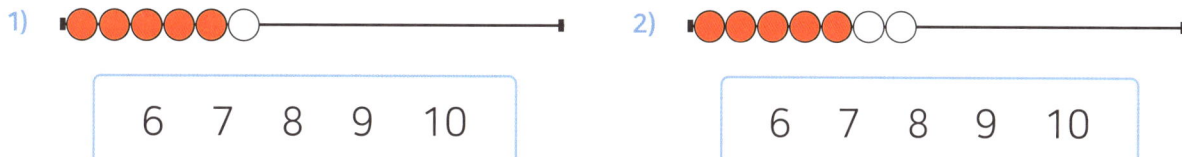

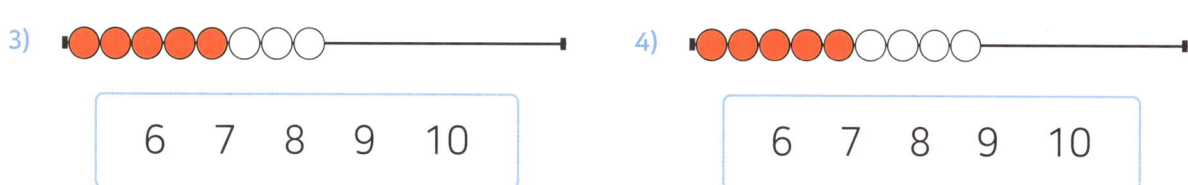

보기

6 7 8 9 10

하나씩 옮기는 것보다
한 번에 옮기는 것이 좋아요.
어려울 땐, 눈으로 '육, 칠, 팔'
세고 옮기면 쉬워요.

1) 

6 7 8 9 10

2) 

6 7 8 9 10

3) 

6 7 8 9 10

4) 

6 7 8 9 10

5) 

6 7 8 9 10

6) 

6 7 8 9 10

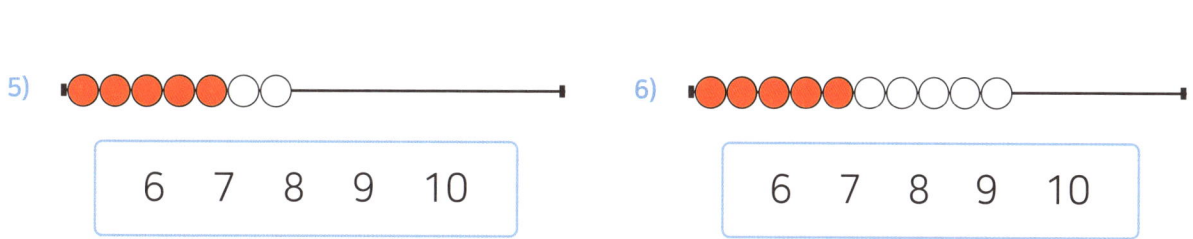

7 점의 수에 알맞게 ○표해 보세요.

1)

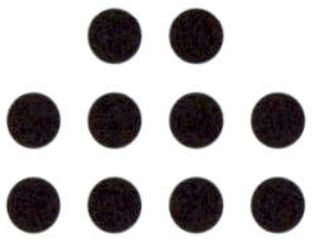

6	7	8	9	10

2)

6	7	8	9	10

3)

6	7	8	9	10

4)

6	7	8	9	10

5)

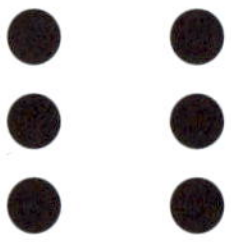

6	7	8	9	10

6)

6	7	8	9	10

7)

6	7	8	9	10

8)

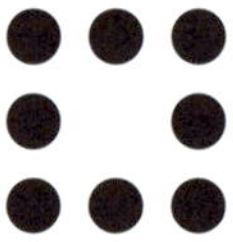

6	7	8	9	10

8 보기와 같이 점의 수에 ○표해 보세요.

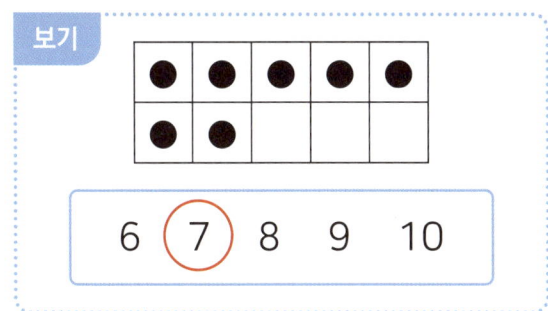

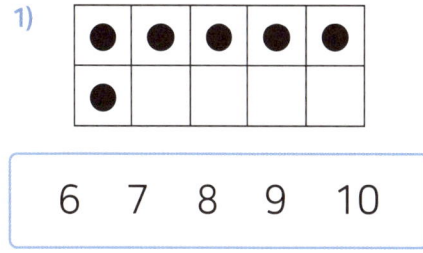

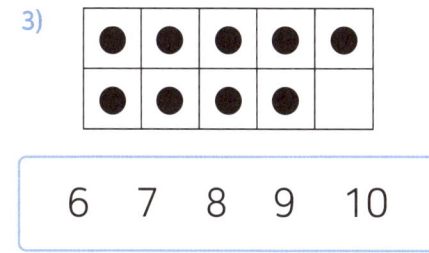

보기

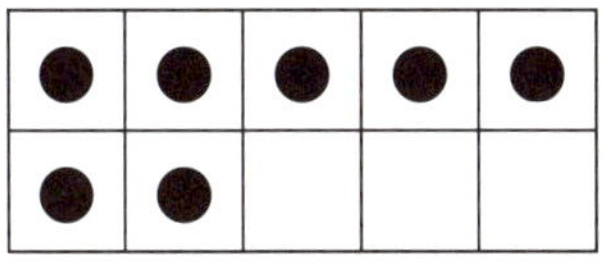

6 (7) 8 9 10

1)

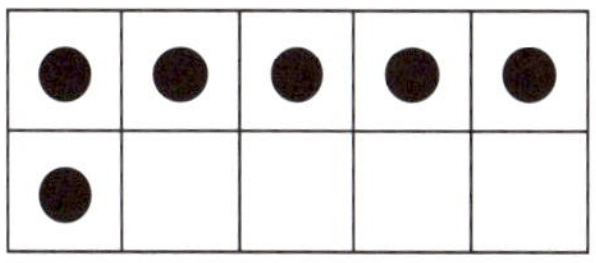

6 7 8 9 10

2)

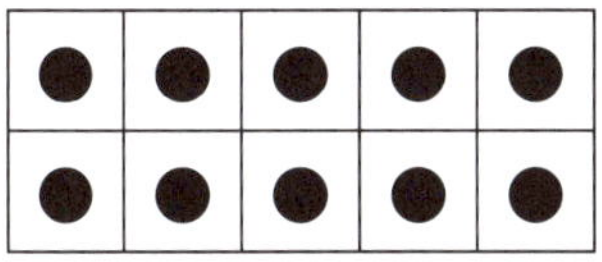

6 7 8 9 10

3)

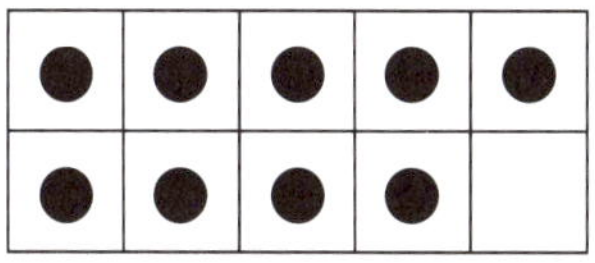

6 7 8 9 10

4)

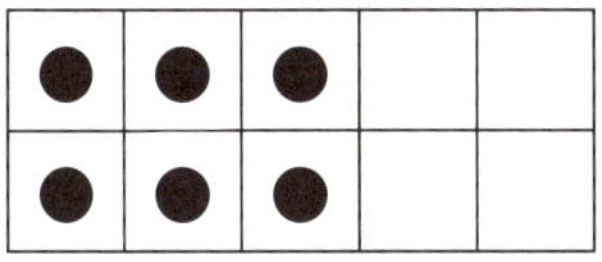

6 7 8 9 10

5)

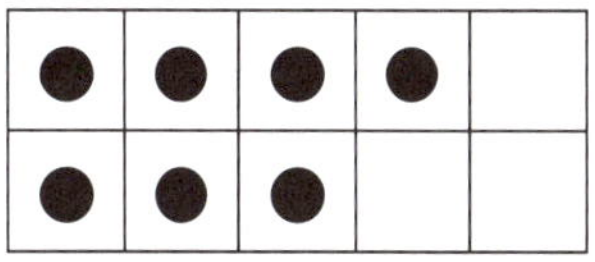

6 7 8 9 10

6)

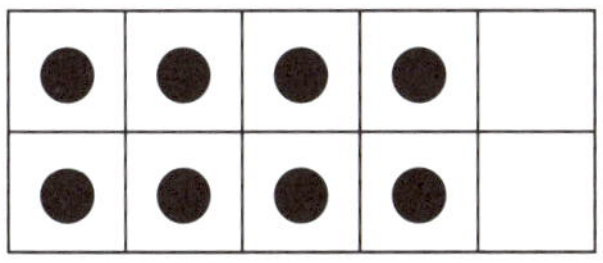

6 7 8 9 10

7)

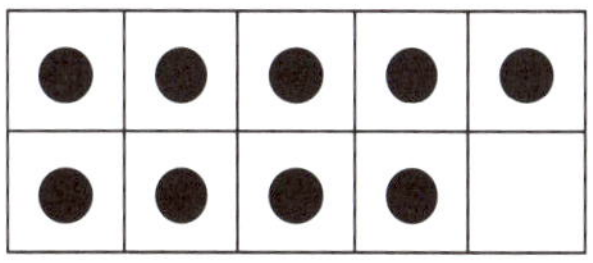

6 7 8 9 10

배움 12

6부터 10까지의 수 (2)

월 일

1 그림처럼 구슬을 옮기고 수에 알맞게 ○표해 보세요.

1)

6 7 8 9 10

2)

6 7 8 9 10

3)

6 7 8 9 10

4)

6 7 8 9 10

5)

6 7 8 9 10

6)

6 7 8 9 10

7)

6 7 8 9 10

8)

6 7 8 9 10

2 점의 수에 알맞게 ○표해 보세요.

1)

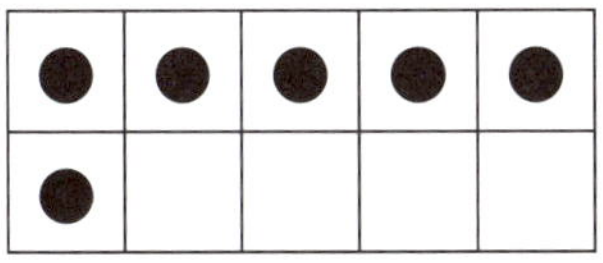

6 7 8 9 10

2)

6 7 8 9 10

3)

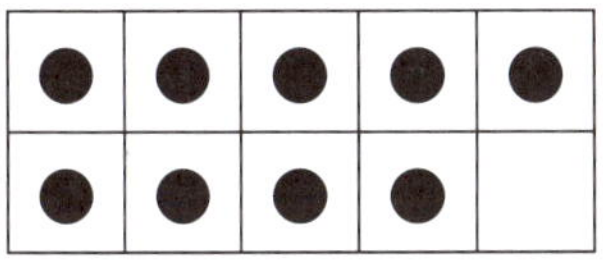

6 7 8 9 10

4)

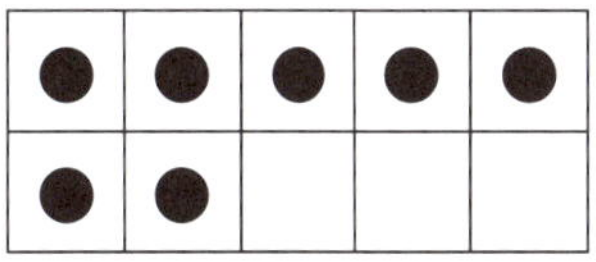

6 7 8 9 10

5)

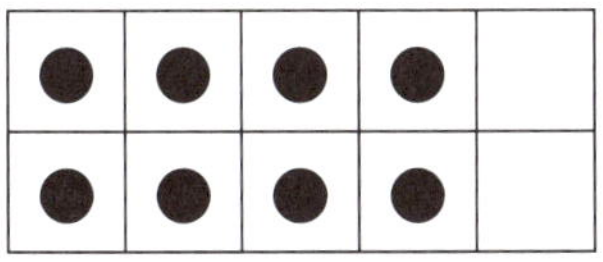

6 7 8 9 10

6)

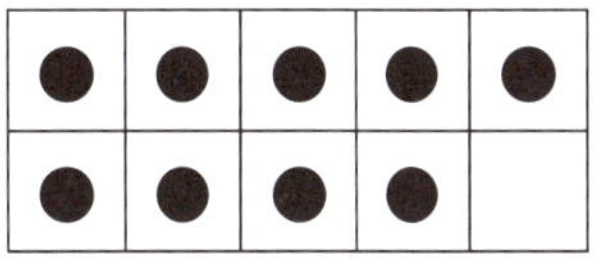

6 7 8 9 10

7)

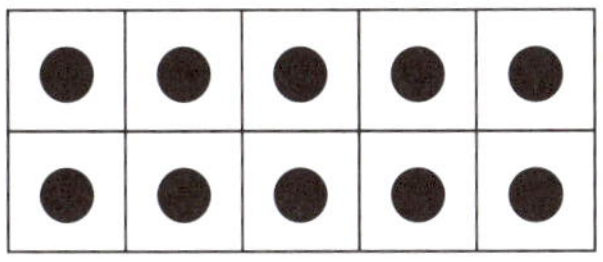

6 7 8 9 10

8)

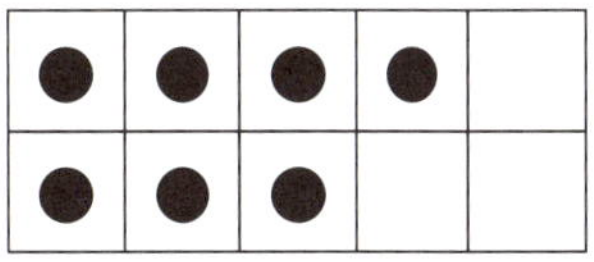

6 7 8 9 10

3 점의 수에 알맞게 ○표해 보세요.

1) 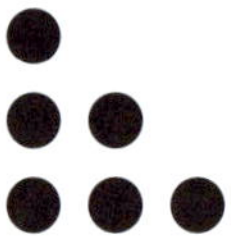

6　7　8　9　10

2) 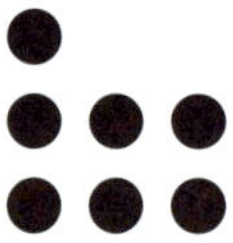

6　7　8　9　10

3) 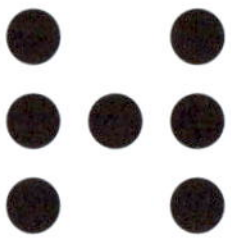

6　7　8　9　10

4) 

6　7　8　9　10

5) 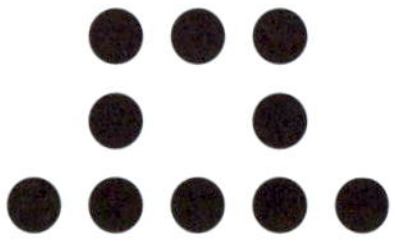

6　7　8　9　10

6) 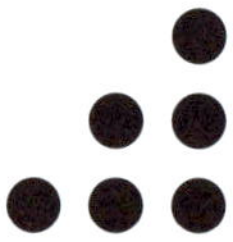

6　7　8　9　10

7) 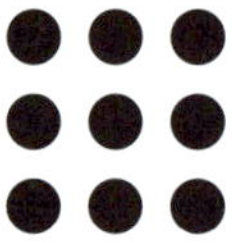

6　7　8　9　10

8) 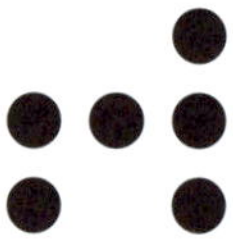

6　7　8　9　10

4 점의 수에 알맞게 ○표해 보세요.

1) 

6 7 8 9 10

2) 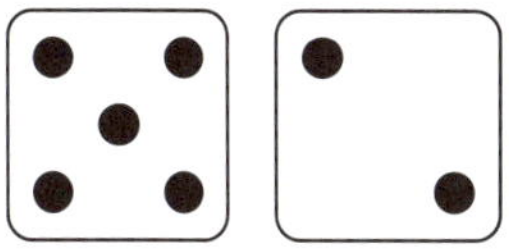

6 7 8 9 10

3) 

6 7 8 9 10

4) 

6 7 8 9 10

5) 

6 7 8 9 10

6) 

6 7 8 9 10

7) 

6 7 8 9 10

8) 

6 7 8 9 10

배움 13

6부터 10까지의 수 (3)

월 일

1 그림처럼 구슬을 옮기고 수에 알맞게 ○표해 보세요. 

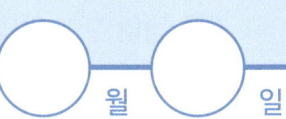

1)

6 7 8 9 10

2)

6 7 8 9 10

3)

6 7 8 9 10

4)

6 7 8 9 10

5)

6 7 8 9 10

6)

6 7 8 9 10

7)

6 7 8 9 10

8)

6 7 8 9 10

2 점의 수에 알맞게 ○표해 보세요.

1)

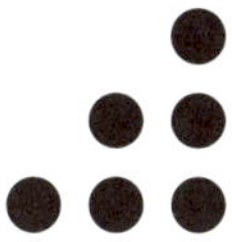

6 7 8 9 10

2)

6 7 8 9 10

3)

6 7 8 9 10

4)

6 7 8 9 10

5)

6 7 8 9 10

6)

6 7 8 9 10

7)

6 7 8 9 10

8)

6 7 8 9 10

3 보기처럼 빈칸에 알맞은 수를 써 보세요.

보기

6	7	8	9	10

1)

6		8		10

2)

	7		9	10

3)

		8	9	10

4)

	7	8		

5)

	7	8		10

6)

	7		9	

7)

6			9	

8)

6		8		10

4 보기를 참고하여 1 작은 수와 1 큰 수를 그려 보세요.

보기

1 작은 수

○	○	○	○	○
○				

○	○	○	○	○
○	○			

1 큰 수

○	○	○	○	○
○	○	○		

1 작은 수 / **1 큰 수**

1)

○	○	○	○	○
○	○			

○	○	○	○	○
○	○	○		

2)

○	○	○	○	○
○	○	○	○	

3)

○	○	○	○	○
○	○	○		

4)

5)

6이 되려면?

월 일

1 구슬은 모두 6개입니다. 6이 되려면 몇이 더 필요할까요?

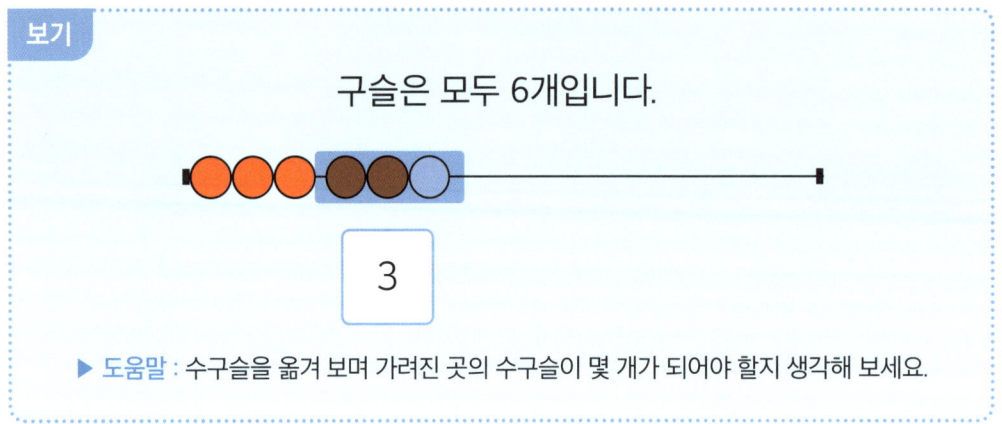

보기

구슬은 모두 6개입니다.

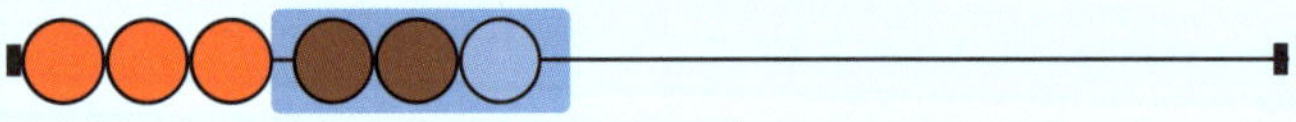

3

▶ 도움말 : 수구슬을 옮겨 보며 가려진 곳의 수구슬이 몇 개가 되어야 할지 생각해 보세요.

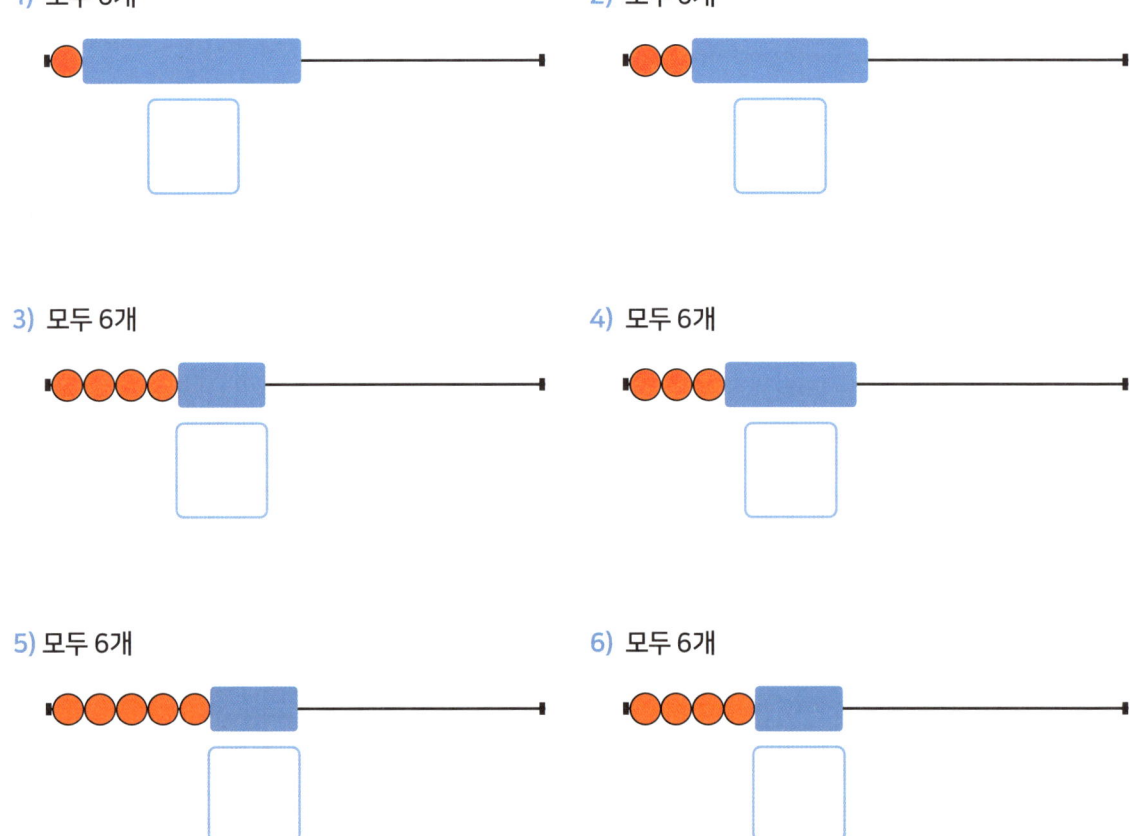

1) 모두 6개

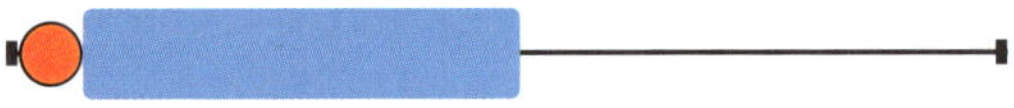

2) 모두 6개

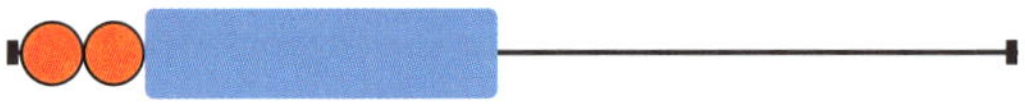

3) 모두 6개

4) 모두 6개

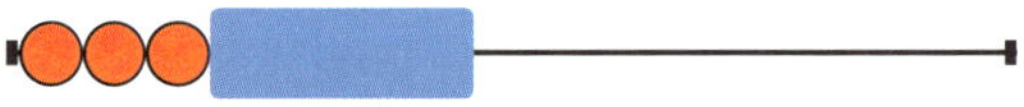

5) 모두 6개

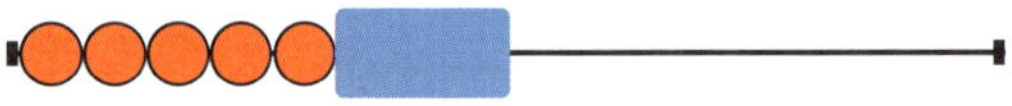

6) 모두 6개

2 보기와 같이 점의 수를 써 보세요.

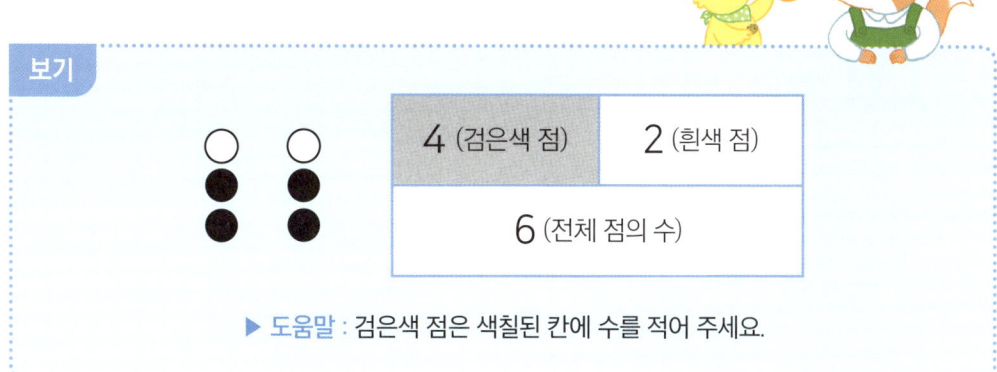

보기

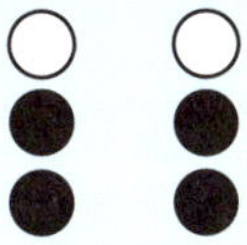

4 (검은색 점)	2 (흰색 점)
6 (전체 점의 수)	

▶ 도움말 : 검은색 점은 색칠된 칸에 수를 적어 주세요.

1)

3	
6	

2)

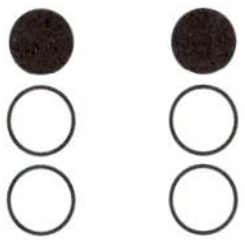

	4
6	

3)

6	

4)

6	

5)

6	

6)

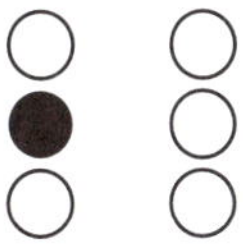

6	

7)

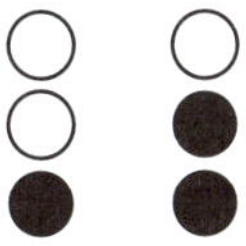

6	

8)

6	

3 다음 빈칸에 알맞은 수를 써 보세요.

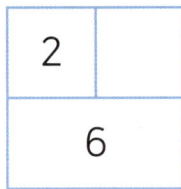

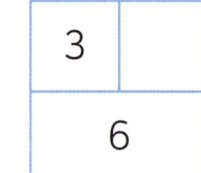

1)

2	
6	

2)

3	
6	

3)

5	
6	

4)

1	
6	

5)

	4
6	

6)

	2
6	

7)

	1
6	

8)

	3
6	

9)

1	
6	

10)

4	
6	

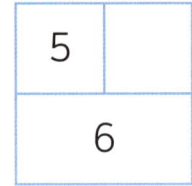

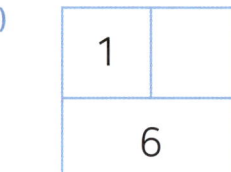

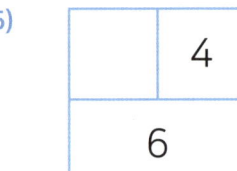

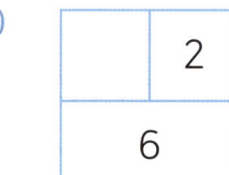

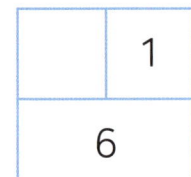

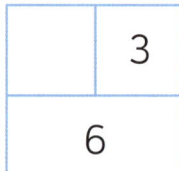

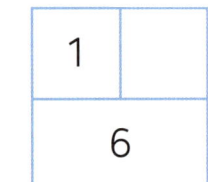

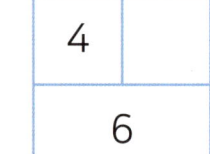

4 보기처럼 다음 덧셈을 해 보세요.

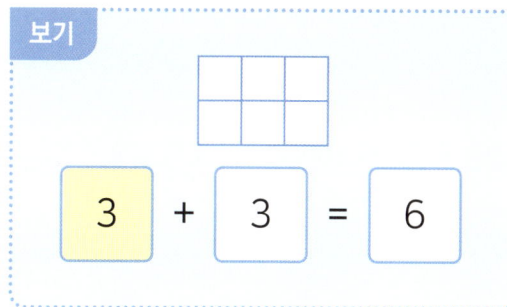

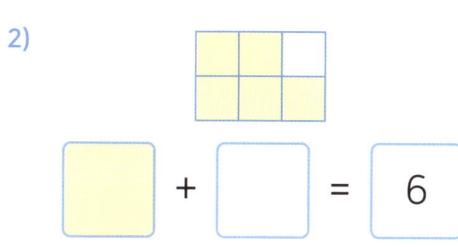

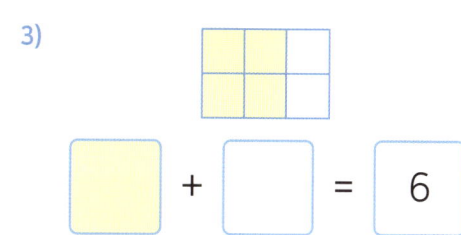

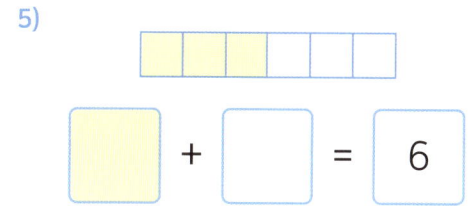

보기

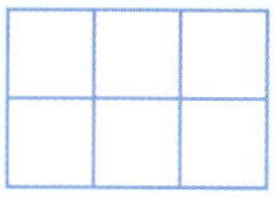

3 + 3 = 6

1)

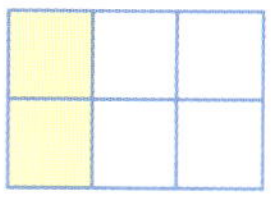

2 + □ = 6

2)

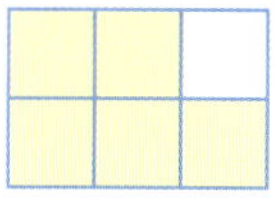

□ + □ = 6

3)

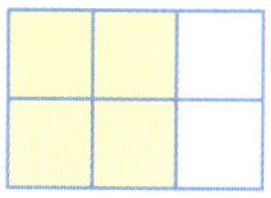

□ + □ = 6

4)

□ + □ = 6

5)

□ + □ = 6

6)

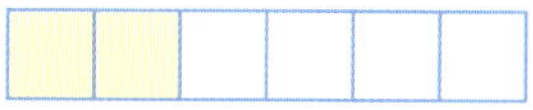

□ + □ = 6

7)

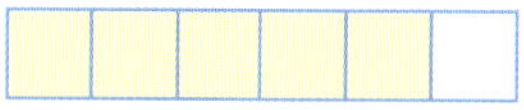

□ + □ = 6

5 다음 덧셈을 해 보세요.

1) 2 + 3 = □

2) 2 + 4 = □

3) 3 + □ = 6

4) 5 + □ = 6

5) □ + 2 = 6

6) □ + 4 = 6

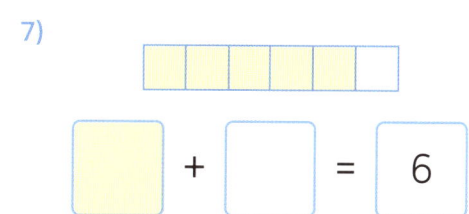

7이 되려면?

월 일

1 구슬은 모두 7개입니다. 7이 되려면 몇이 더 필요할까요?

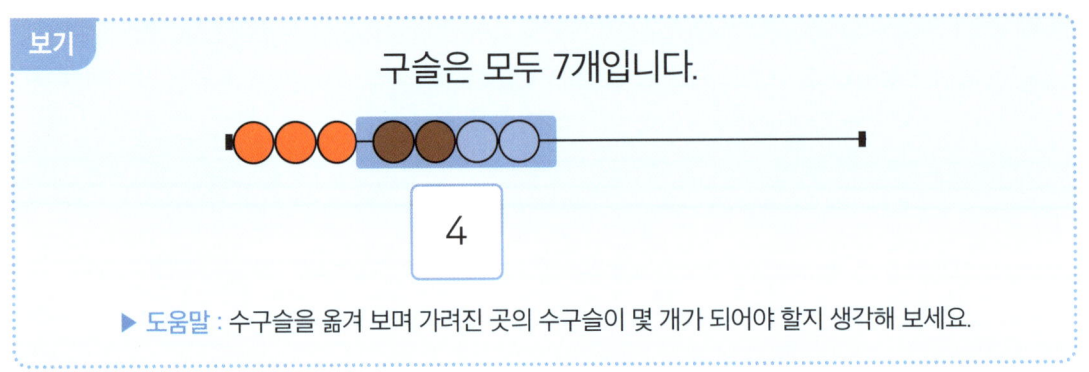

보기

구슬은 모두 7개입니다.

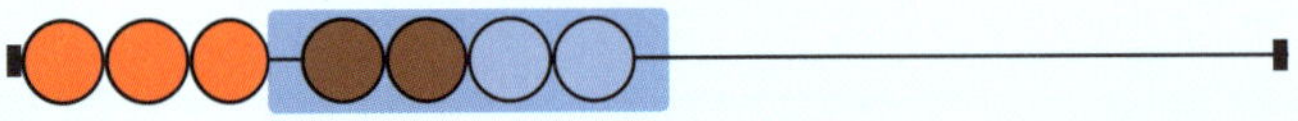

4

▶ 도움말 : 수구슬을 옮겨 보며 가려진 곳의 수구슬이 몇 개가 되어야 할지 생각해 보세요.

1) 모두 7개

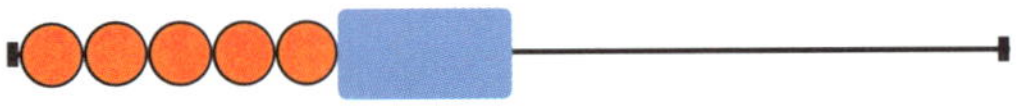

2) 모두 7개

3) 모두 7개

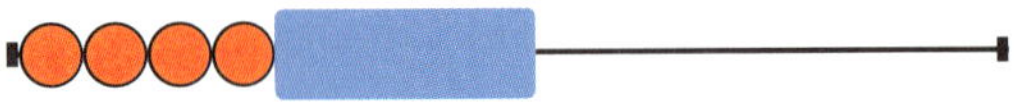

4) 모두 7개

5) 모두 7개

6) 모두 7개

7) 모두 7개

8) 모두 7개

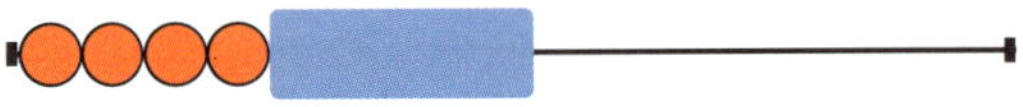

2 보기와 같이 점의 수를 써 보세요.

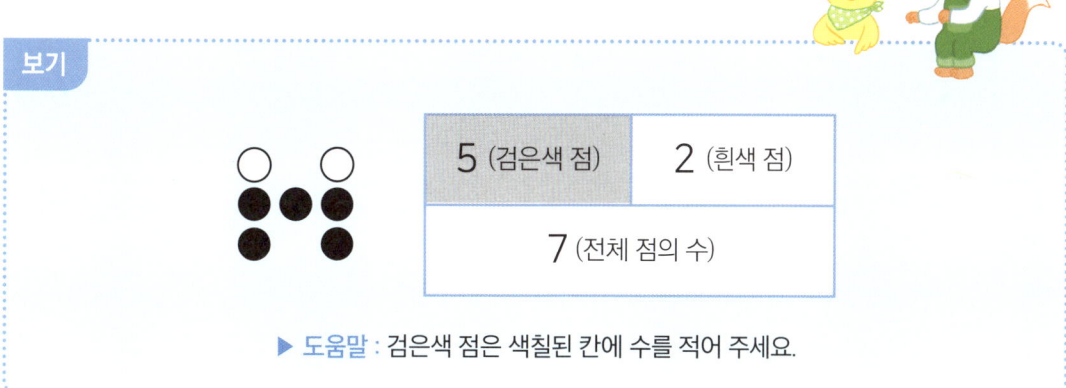

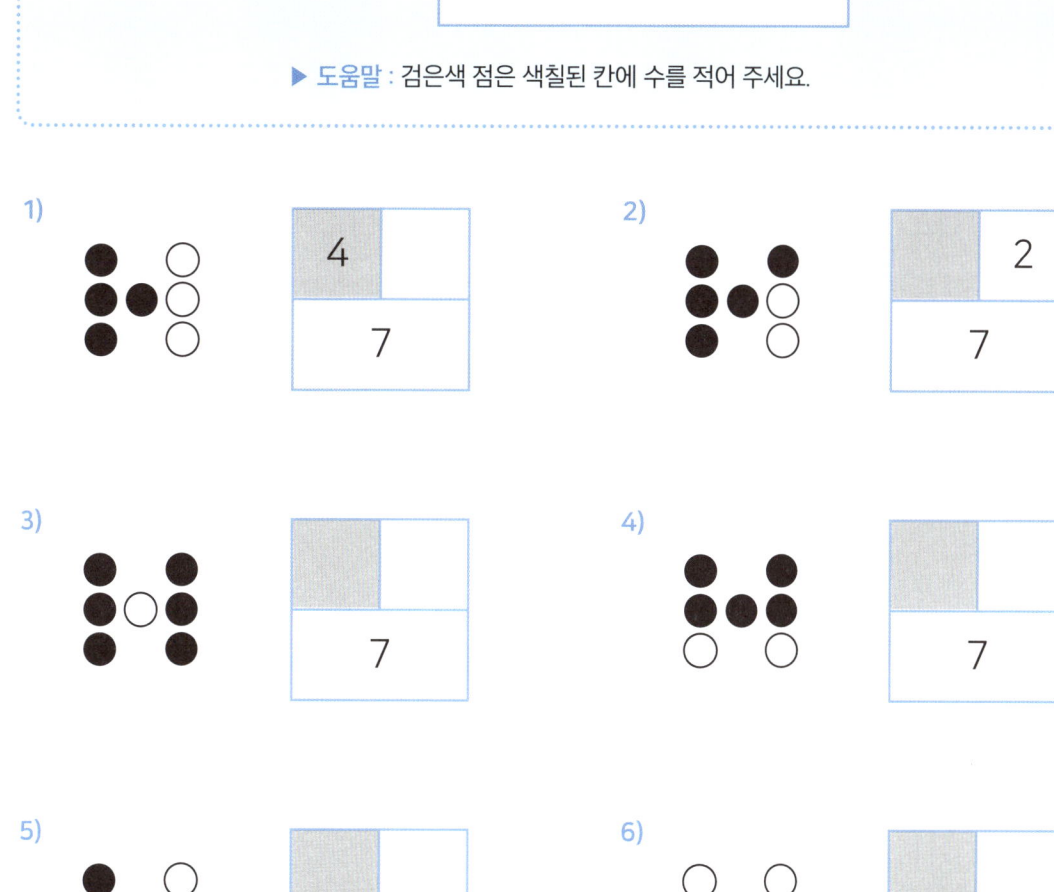

보기

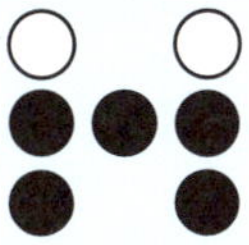

5 (검은색 점)	2 (흰색 점)
7 (전체 점의 수)	

▶ **도움말** : 검은색 점은 색칠된 칸에 수를 적어 주세요.

1)

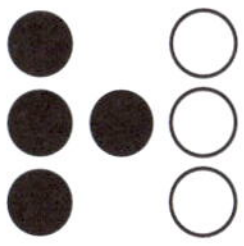

4	
7	

2)

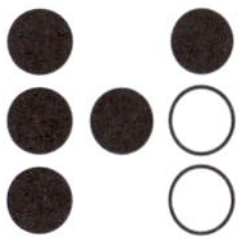

	2
7	

3)

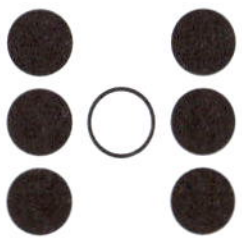

7	

4)

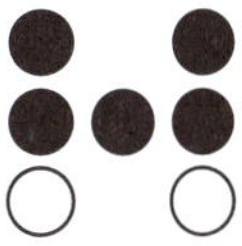

7	

5)

7	

6)

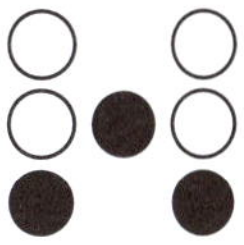

7	

7)

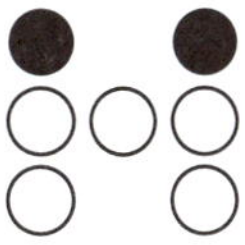

7	

8)

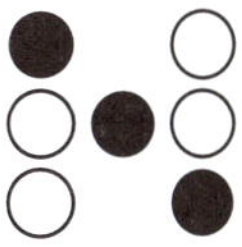

7	

3 다음 빈칸에 알맞은 수를 써 보세요.

1)

3	
7	

2)

2	
7	

3)

5	
7	

4)

4	
7	

5)

	1
7	

6)

	2
7	

7)

	6
7	

8)

	3
7	

9)

3	
7	

10)

4	
7	

4 보기와 같이 덧셈을 해 보세요.

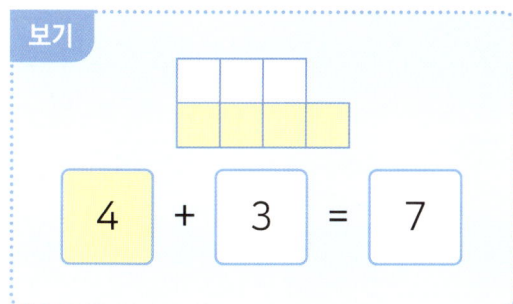

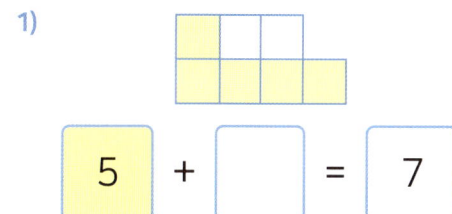

보기

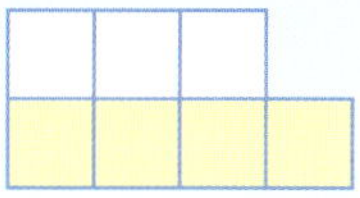

4 + 3 = 7

1)

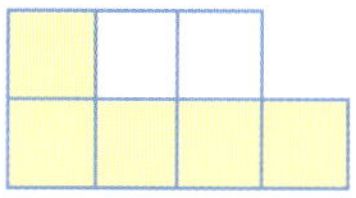

5 + □ = 7

2)

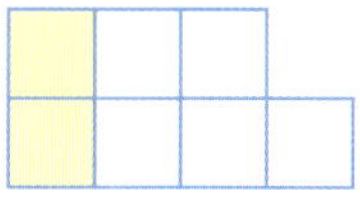

□ + □ = 7

3)

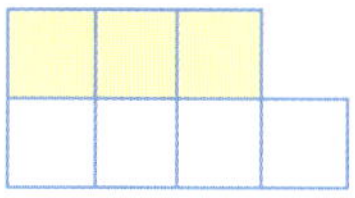

□ + □ = 7

4)

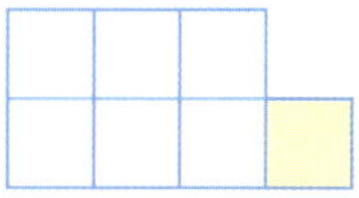

□ + □ = 7

5)

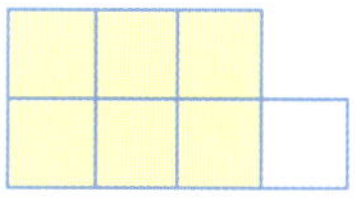

□ + □ = 7

6)

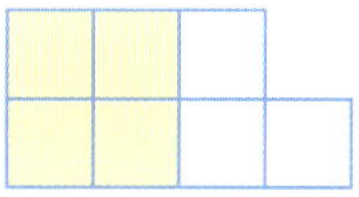

□ + □ = 7

7)

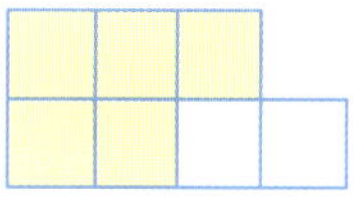

□ + □ = 7

5 다음 덧셈을 해 보세요.

1) 4 + 2 = □

2) 4 + 3 = □

3) 1 + □ = 7

4) 2 + □ = 7

5) □ + 4 = 7

6) □ + 5 = 7

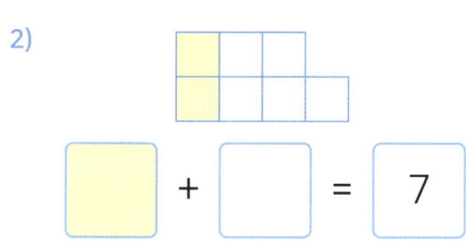

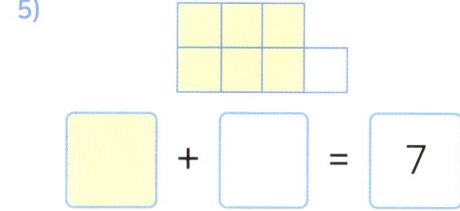

배움 16

6에서 빼기

월 일

1 보기와 같이 점의 수를 써 보세요.

보기

6 (전체 점의 수)	
1 (흰색 점)	5 (검은색 점)

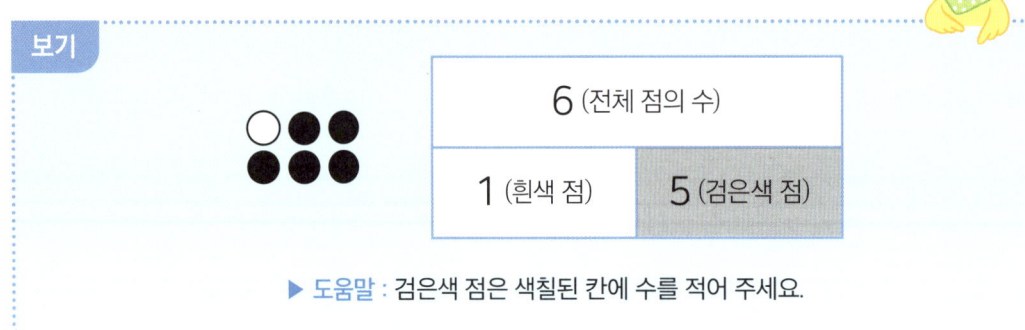

▶ 도움말 : 검은색 점은 색칠된 칸에 수를 적어 주세요.

1)

6	
4	

2)

6	

3)

6	

4)

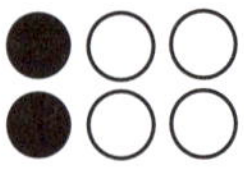

6	

5)

6	

6)

6	

7)

6	

8)

6	

2 바구니 안의 귤의 수를 빈칸에 써 보세요.

귤은 모두  6개입니다.

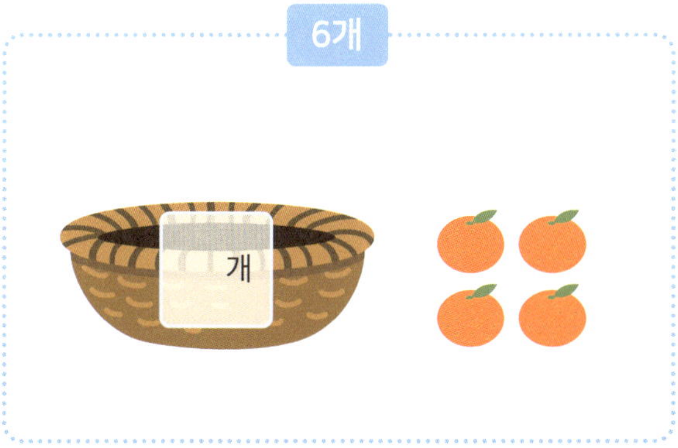

3 다음 빈칸에 알맞은 수를 써 보세요.

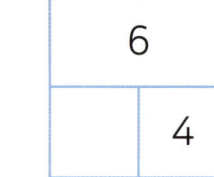

1)

6	
	3

2)

6	
	4

3)

6	
	5

4)

6	
	2

5)

6	
1	

6)

6	
4	

7)

6	
2	

8)

6	
3	

9)

6	
	1

10)

6	
	4

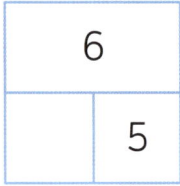

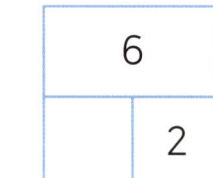

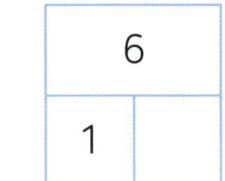

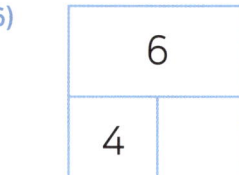

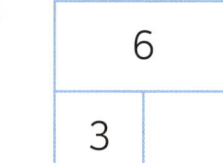

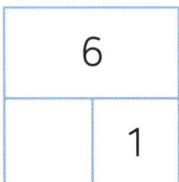

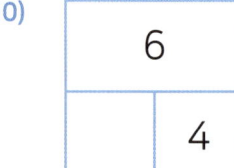

4 구슬을 옮겨 가며 뺄셈을 해 보세요. 

보기

$6 - 2 = \boxed{4}$

▶ 도움말 : 6개의 구슬 중 2개를 오른쪽으로 옮기면 4개가 남습니다.
익숙해지면 눈으로 옮긴다고 생각하며 문제를 풀어 보세요.

1) $6 - 1 = \square$

2) $6 - 2 = \square$

3) $6 - 4 = \square$

4) $6 - 3 = \square$

5) $6 - 5 = \square$

6) $6 - 2 = \square$

7) $6 - 4 = \square$

8) $6 - 3 = \square$

7에서 빼기

월 일

1 보기와 같이 점의 수를 써 보세요.

보기

●●●
○○○○

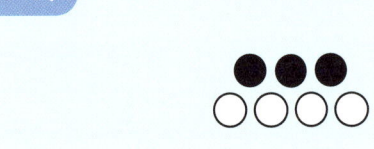

7 (전체 점의 수)	
4 (흰색 점)	3 (검은색 점)

▶ 도움말 : 검은색 점은 색칠된 칸에 수를 적어 주세요.

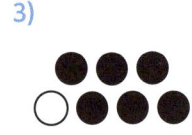

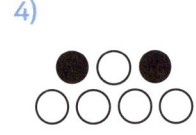

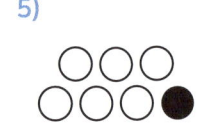

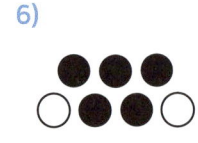

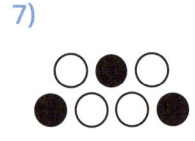

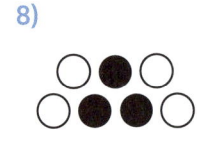

1)

●○○
●●○○

7	
4	

2)

●●○
●●○○

7	

3)

●●●
○●●●

7	

4)

●○●
○○○○

7	

5)

○○○
○○○●

7	

6)

●●●
○●●○

7	

7)

○●○
●○○●

7	

8)

○●○
○●●○

7	

2 바구니 안의 토마토의 수를 빈칸에 써 보세요.

토마토는 모두  7개입니다.

3 다음 빈칸에 알맞은 수를 써 보세요.

1)

7	
	3

2)

7	
	4

3)

7	
	2

4)

7	
	1

5)

7	
	5

6)

7	
	6

7)

7	
2	

8)

7	
4	

9)

7	
1	

10)

7	
5	

4 보기처럼 구슬을 옮겨 가며 뺄셈을 해 보세요. 

보기

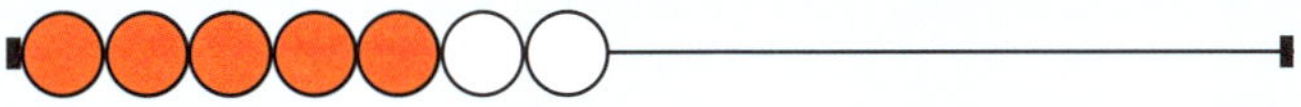

7 - 3 = 4

▶ 도움말 : 7개의 구슬 중 3개를 오른쪽으로 옮기면 4개가 남습니다.
익숙해지면 눈으로 옮긴다고 생각하며 문제를 풀어 보세요.

1) 7 - 2 = ☐

2) 7 - 3 = ☐

3) 7 - 5 = ☐

4) 7 - 4 = ☐

5) 7 - 2 = ☐

6) 7 - 6 = ☐

7) 7 - 1 = ☐

8) 7 - 3 = ☐

배움 18

6과 7의 덧셈과 뺄셈 (1)

월 일

1 빈칸에 알맞은 수를 써 보세요.

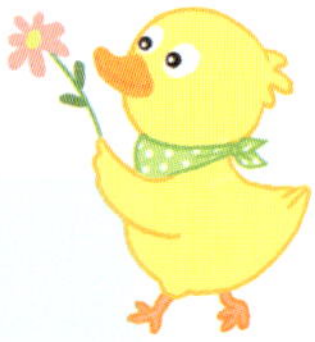

1)

□

2)

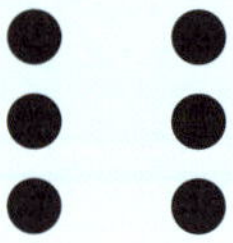

□

3)

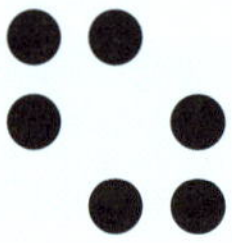

□

4)

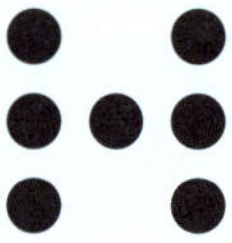

□

5)

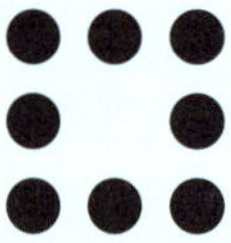

□

6)

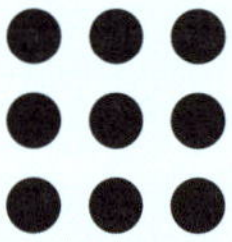

□

7)

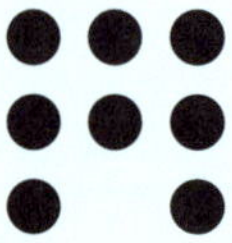

□

8)

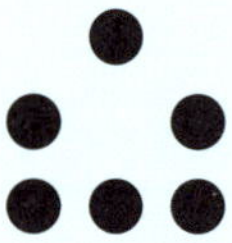

□

2 구슬을 옮기고 알맞은 숫자를 써 보세요. 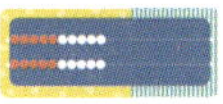

1)

6

2)

3)

4)

5)

6)

7)

8)

3 다음 계산을 해 보세요.

1) $1 + 4 = \square$

2) $2 + 4 = \square$

3) $3 + 2 = \square$

4) $1 + 6 = \square$

5) $4 + 2 = \square$

6) $2 + 5 = \square$

7) $4 + 3 = \square$

8) $1 + 5 = \square$

9) $6 + 1 = \square$

10) $1 + 6 = \square$

11) $5 + \square = 7$

12) $4 + \square = 7$

13) $1 + \square = 6$

14) $3 + \square = 6$

4 다음 계산을 해 보세요.

1) $4 - 1 = \square$

2) $5 - 2 = \square$

3) $5 - 4 = \square$

4) $6 - 1 = \square$

5) $6 - 2 = \square$

6) $6 - 4 = \square$

7) $6 - 5 = \square$

8) $6 - 3 = \square$

9) $7 - 1 = \square$

10) $7 - 3 = \square$

11) $7 - 5 = \square$

12) $7 - 4 = \square$

13) $7 - 2 = \square$

14) $7 - 6 = \square$

배움 19

6과 7의 덧셈과 뺄셈 (2)

월 일

1 빈칸에 알맞은 수를 써 보세요.

1)

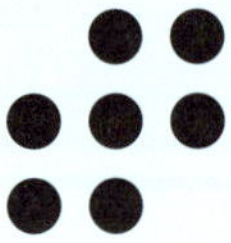

2)

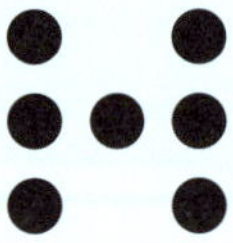

3)

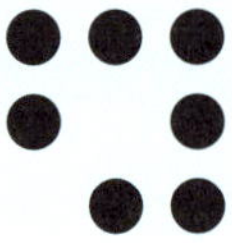

4)

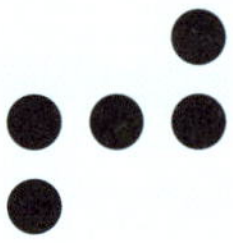

5)

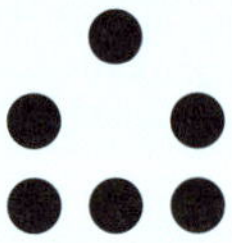

6)

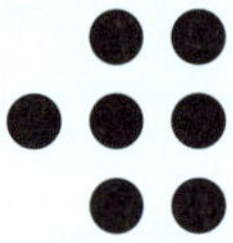

7)

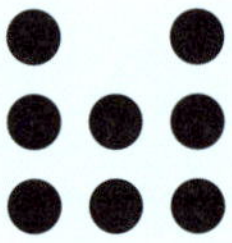

8)

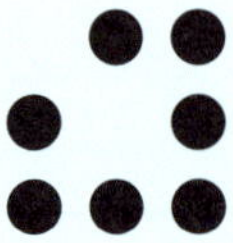

2 구슬을 옮기고 알맞은 숫자를 써 보세요.

1)

7

2)

3)

4)

5)

6)

7)

8)

3 다음 계산을 해 보세요.

1) $2 + 4 = \square$

2) $4 + 3 = \square$

3) $3 + 4 = \square$

4) $1 + 6 = \square$

5) $3 + 2 = \square$

6) $5 + 2 = \square$

7) $3 + 3 = \square$

8) $2 + 3 = \square$

9) $5 + 1 = \square$

10) $4 + 2 = \square$

11) $5 + \square = 6$

12) $4 + \square = 6$

13) $2 + \square = 7$

14) $4 + \square = 7$

4 다음 계산을 해 보세요.

1) 5 − 2 = □

2) 4 − 2 = □

3) 4 − 3 = □

4) 6 − 1 = □

5) 7 − 2 = □

6) 7 − 4 = □

7) 6 − 5 = □

8) 7 − 3 = □

9) 6 − 1 = □

10) 7 − 2 = □

11) 6 − 5 = □

12) 5 − 4 = □

13) 7 − 3 = □

14) 7 − 5 = □

배움 20

8이 되려면?

월 일

1 구슬은 모두 8개입니다. 8이 되려면 몇이 더 필요할까요?

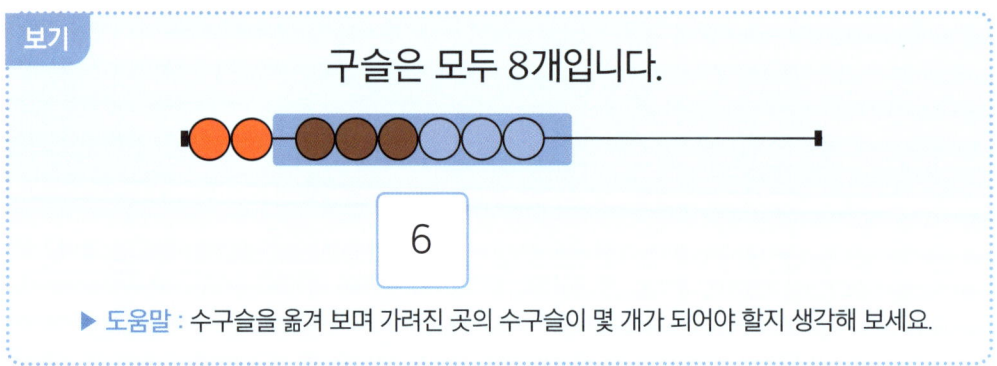

보기

구슬은 모두 8개입니다.

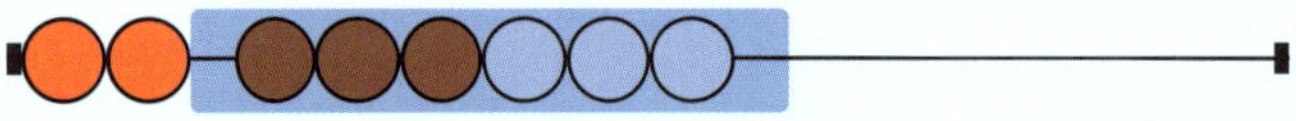

6

▶ 도움말 : 수구슬을 옮겨 보며 가려진 곳의 수구슬이 몇 개가 되어야 할지 생각해 보세요.

1) 모두 8개

2) 모두 8개

3) 모두 8개

4) 모두 8개

5) 모두 8개

6) 모두 8개

7) 모두 8개

8) 모두 8개

2 보기와 같이 점의 수를 써 보세요.

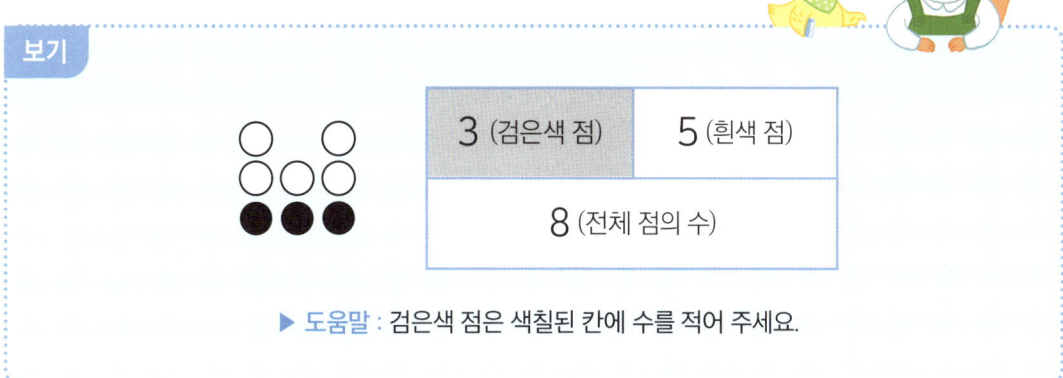

보기

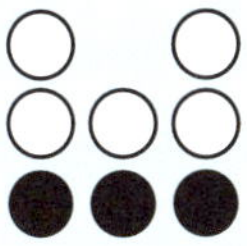

3 (검은색 점)	5 (흰색 점)
8 (전체 점의 수)	

▶ 도움말 : 검은색 점은 색칠된 칸에 수를 적어 주세요.

1)

5	
8	

2)

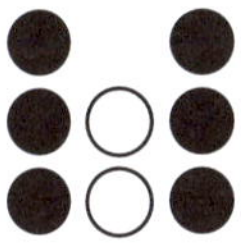

	2
8	

3)

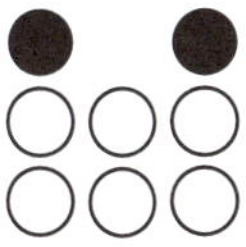

8	

4)

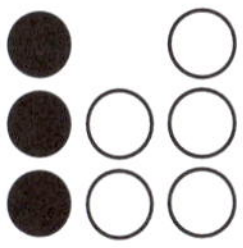

8	

5)

8	

6)

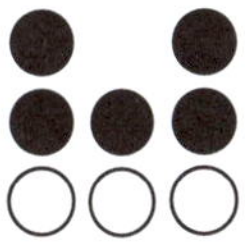

8	

7)

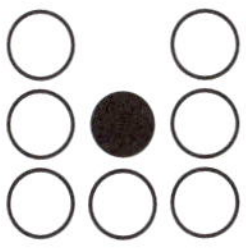

8	

8)

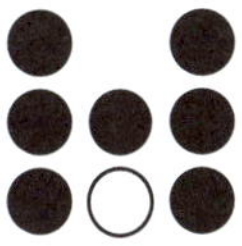

8	

3 다음 빈칸에 알맞은 수를 써 보세요.

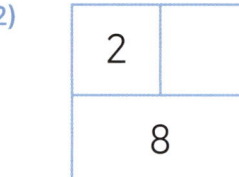

1)
<table><tr><td>5</td><td></td></tr><tr><td colspan="2">8</td></tr></table>

2)
<table><tr><td>2</td><td></td></tr><tr><td colspan="2">8</td></tr></table>

3)
<table><tr><td>4</td><td></td></tr><tr><td colspan="2">8</td></tr></table>

4)
<table><tr><td>2</td><td></td></tr><tr><td colspan="2">8</td></tr></table>

5)
<table><tr><td></td><td>3</td></tr><tr><td colspan="2">8</td></tr></table>

6)
<table><tr><td></td><td>6</td></tr><tr><td colspan="2">8</td></tr></table>

7)
<table><tr><td></td><td>1</td></tr><tr><td colspan="2">8</td></tr></table>

8)
<table><tr><td></td><td>4</td></tr><tr><td colspan="2">8</td></tr></table>

9)
<table><tr><td>2</td><td></td></tr><tr><td colspan="2">8</td></tr></table>

10)
<table><tr><td>5</td><td></td></tr><tr><td colspan="2">8</td></tr></table>

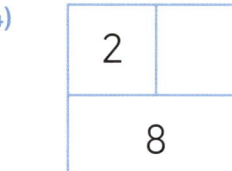

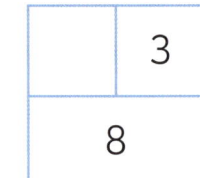

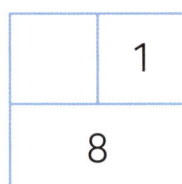

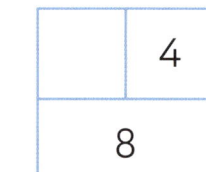

4 보기와 같이 덧셈을 해 보세요.

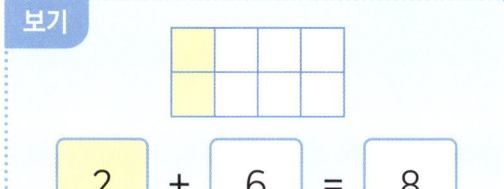

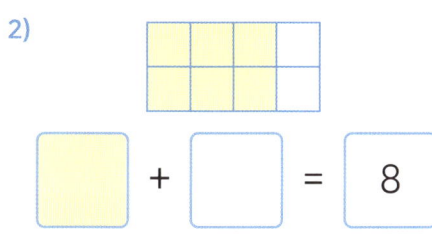

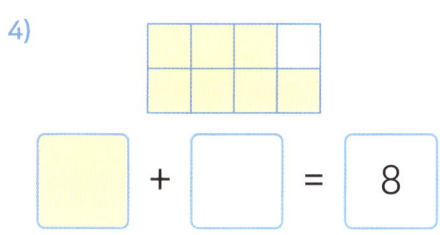

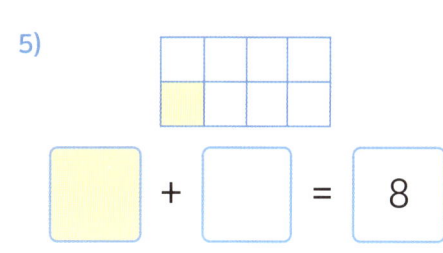

보기

2 + 6 = 8

1)

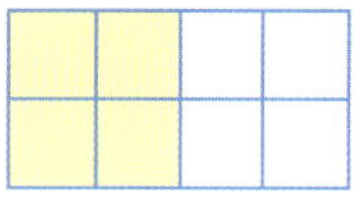

4 + □ = 8

2)

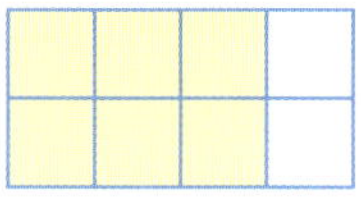

□ + □ = 8

3)

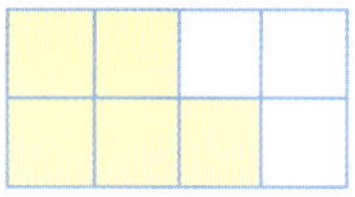

□ + □ = 8

4)

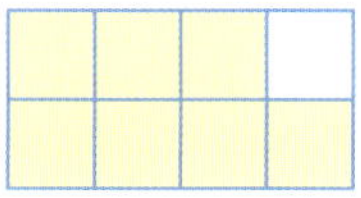

□ + □ = 8

5)

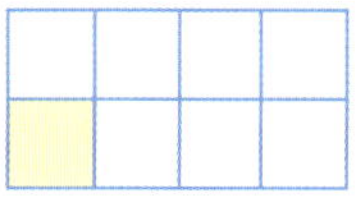

□ + □ = 8

6)

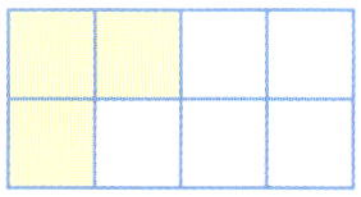

□ + □ = 8

7)

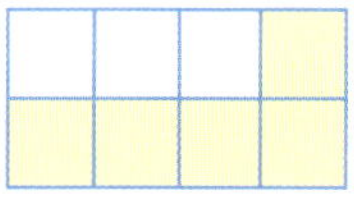

□ + □ = 8

5 다음 덧셈을 해 보세요.

1) 4 + 3 = □

2) 3 + 5 = □

3) 1 + □ = 8

4) 2 + □ = 8

5) □ + 3 = 8

6) □ + 5 = 8

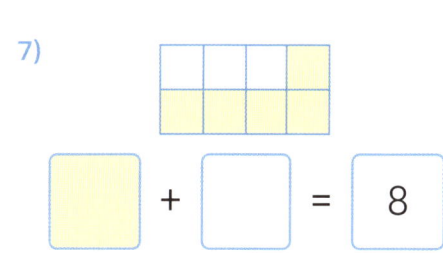

배움 21

9가 되려면?

월 일

1 구슬은 모두 9개입니다. 9가 되려면 몇이 더 필요할까요?

보기

구슬은 모두 9개입니다.

▶ 도움말 : 수구슬을 옮겨 보며 가려진 곳의 수구슬이 몇 개가 되어야 할지 생각해 보세요.

1) 모두 9개

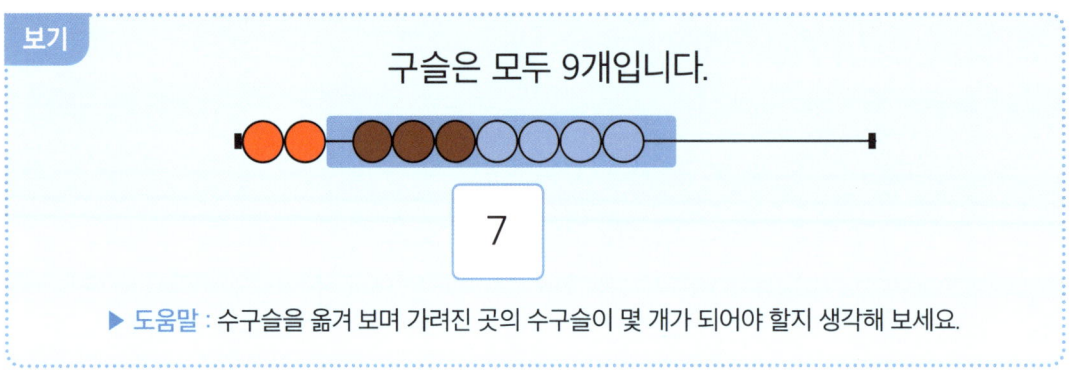

2) 모두 9개

3) 모두 9개

4) 모두 9개

5) 모두 9개

6) 모두 9개

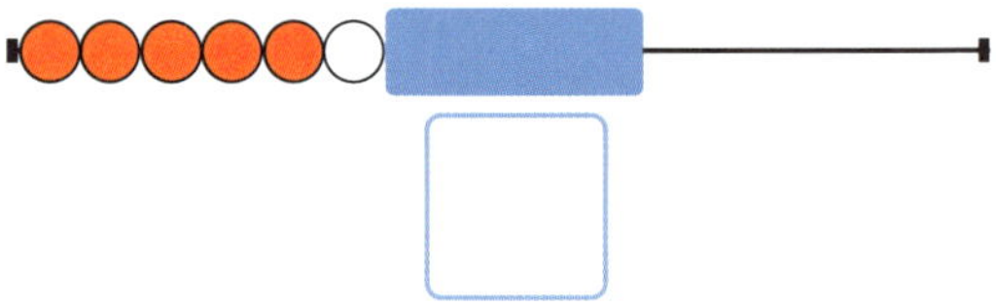

7) 모두 9개

8) 모두 9개

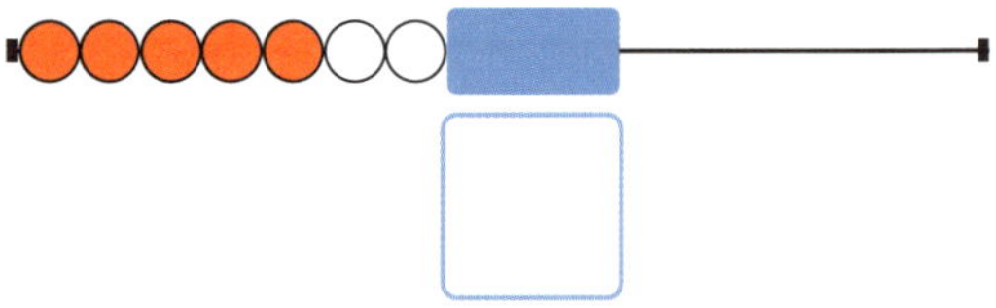

2 보기와 같이 점의 수를 써 보세요.

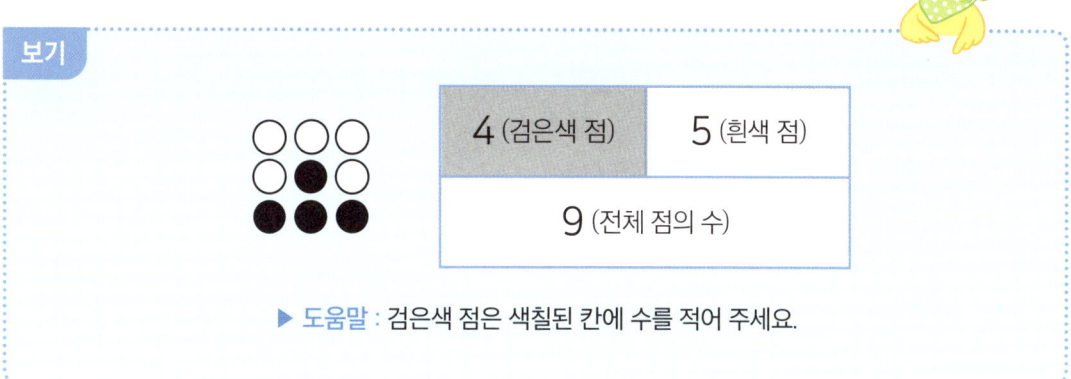

보기

○○○
○●○
●●●

4 (검은색 점)	5 (흰색 점)
9 (전체 점의 수)	

▶ 도움말 : 검은색 점은 색칠된 칸에 수를 적어 주세요.

1)

●●○
●●○
●●○

6	
9	

2)

●●●
●○●
○○○

	4
9	

3)

●●○
●○○
○○○

9	

4)

●●○
●○○
●○○

9	

5)

●○●
●●●
●○●

9	

6)

●●●
●●●
●○●

9	

7)

○○○
○●○
○○○

9	

8)

○○○
●○●
○○○

9	

3 다음 빈칸에 알맞은 수를 써 보세요.

1)

5	
9	

2)

7	
9	

3)

4	
9	

4)

2	
9	

5)

	3
9	

6)

	6
9	

7)

	1
9	

8)

	4
9	

9)

2	
9	

10)

5	
9	

4 보기와 같이 덧셈을 해 보세요.

보기

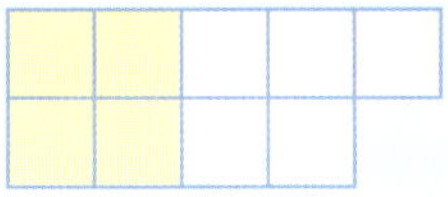

4 + 5 = 9

1)

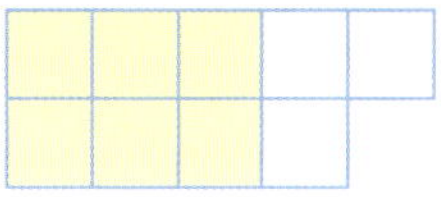

□ + 3 = 9

2)

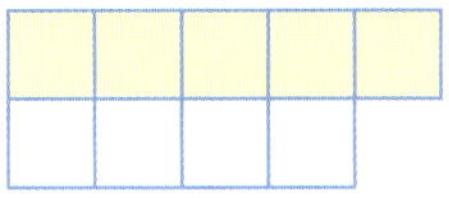

□ + □ = 9

3)

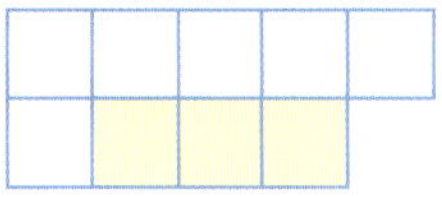

□ + □ = 9

4)

□ + □ = 9

5)

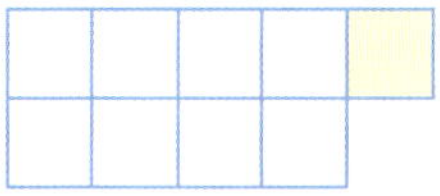

□ + □ = 9

6)

□ + □ = 9

7)

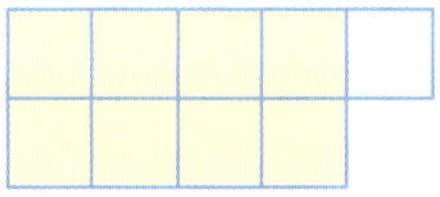

□ + □ = 9

5 다음 덧셈을 해 보세요.

1) 5 + 3 = □

2) 5 + 4 = □

3) 1 + □ = 9

4) 2 + □ = 9

5) □ + 6 = 9

6) □ + 5 = 9

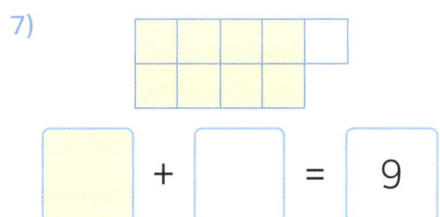

배움 22

8에서 빼기

월 일

1 보기와 같이 점의 수를 써 보세요.

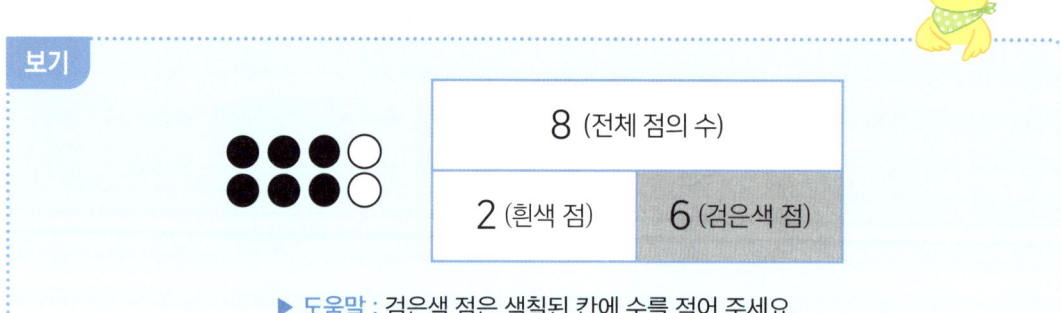

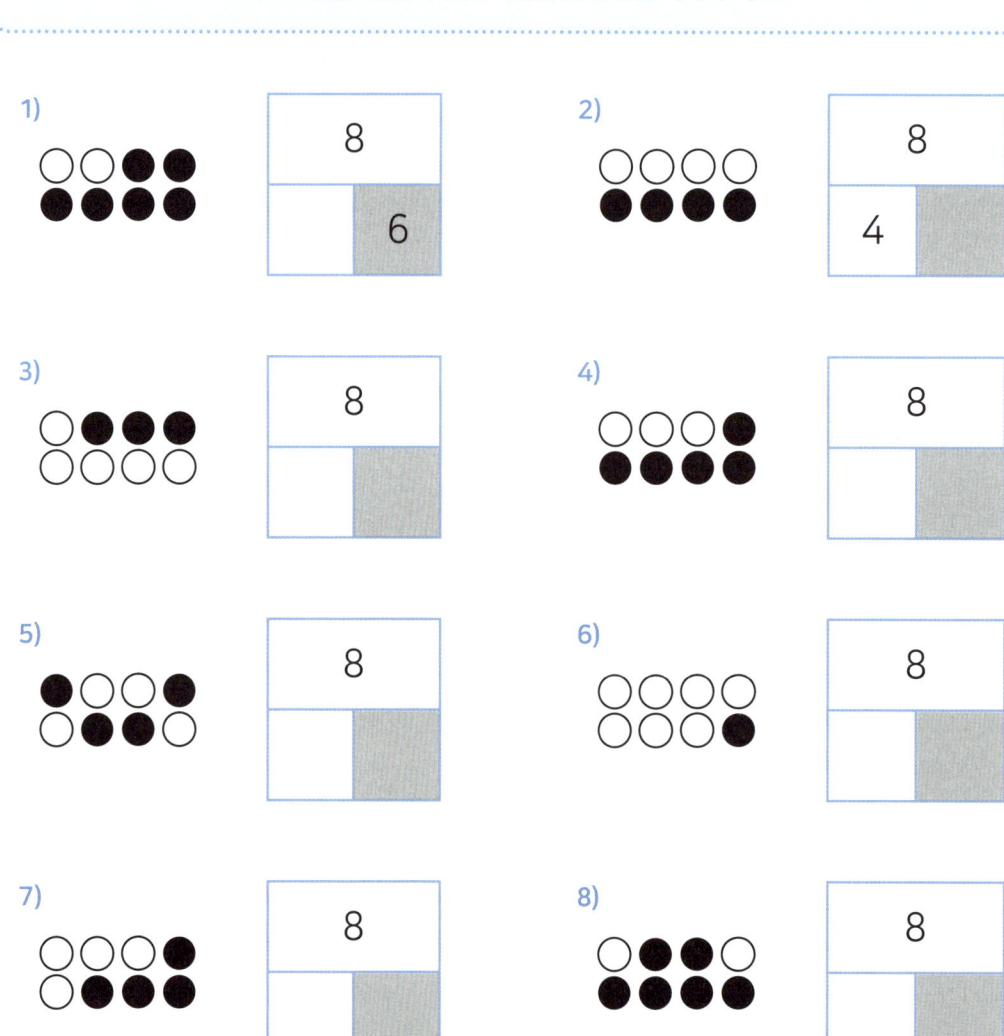

보기

●●●○
●●●○

8 (전체 점의 수)	
2 (흰색 점)	6 (검은색 점)

▶ 도움말 : 검은색 점은 색칠된 칸에 수를 적어 주세요.

1)

○○●●
●●●●

8	
	6

2)

○○○○
●●●●

8	
4	

3)

○●●●
○○○○

8	

4)

○○○●
●●●●

8	

5)

●○○●
○●●○

8	

6)

○○○○
○○○●

8	

7)

○○○●
○●●●

8	

8)

○●●○
●●●●

8	

2 바구니 안의 배의 수를 빈칸에 써 보세요.

배는 모두  8개입니다.

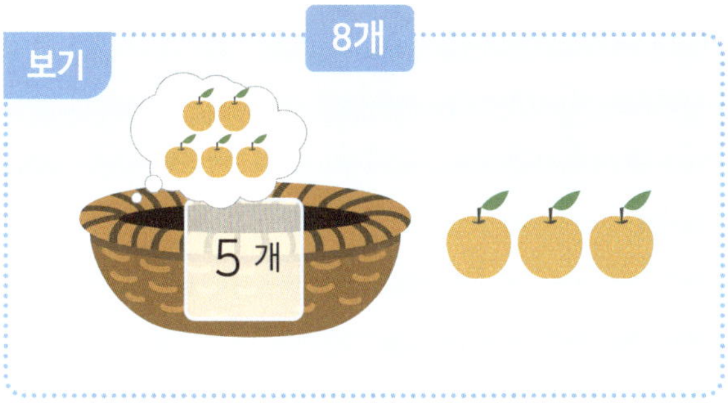

3 다음 빈칸에 알맞은 수를 써 보세요.

1)

8	
	3

2)

8	
	2

3)

8	
	1

4)

8	
	5

5)

8	
	6

6)

8	
	4

7)

8	
2	

8)

8	
1	

9)

8	
3	

10)

8	
5	

4 보기처럼 구슬을 옮겨 가며 뺄셈을 해 보세요.

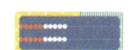

보기

8 - 3 = 5

▶ 도움말 : 8개의 구슬 중 3개를 오른쪽으로 옮기면 5개가 남습니다.
익숙해지면 눈으로 옮긴다고 생각하며 문제를 풀어 보세요.

1) 8 - 4 = ☐

2) 8 - 2 = ☐

3) 8 - 3 = ☐

4) 8 - 5 = ☐

5) 8 - 7 = ☐

6) 8 - 6 = ☐

7) 8 - 1 = ☐

8) 8 - 4 = ☐

배움 23

9에서 빼기

월 일

1 보기와 같이 점의 수를 써 보세요.

보기

9 (전체 점의 수)	
4 (흰색 점)	5 (검은색 점)

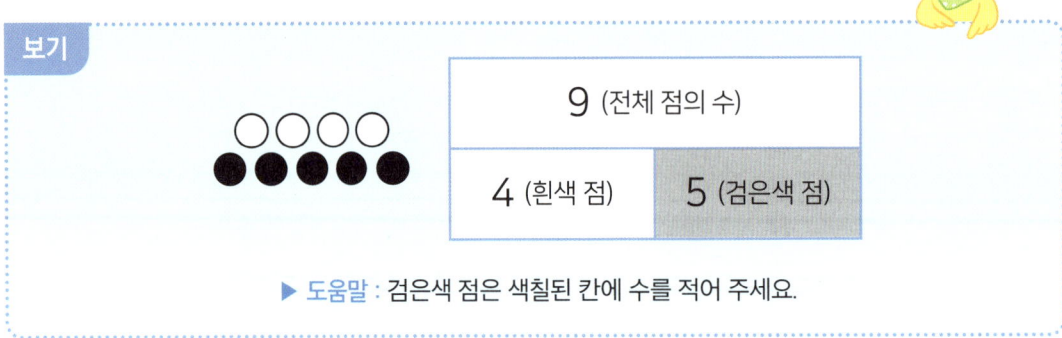

▶ 도움말 : 검은색 점은 색칠된 칸에 수를 적어 주세요.

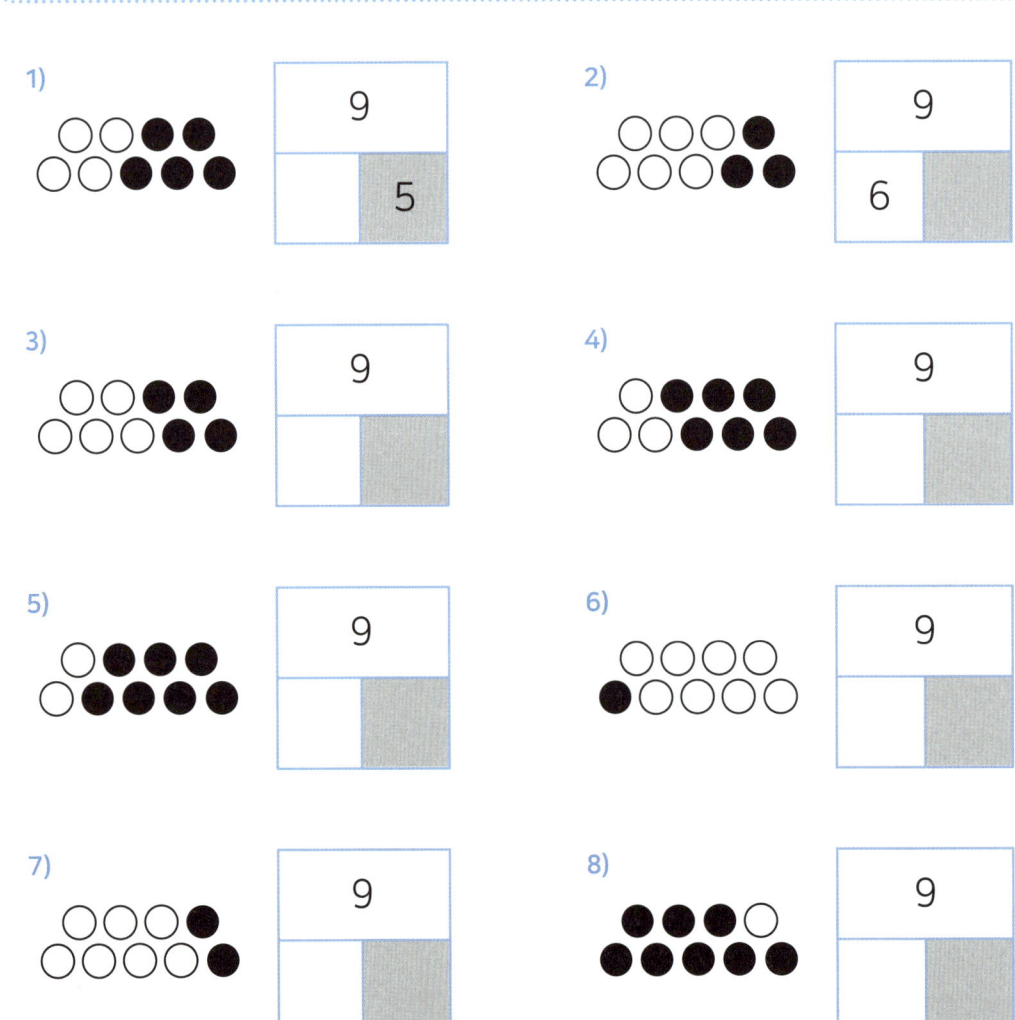

1)

9	
	5

2)

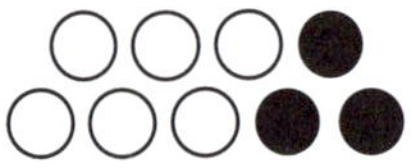

9	
6	

3)

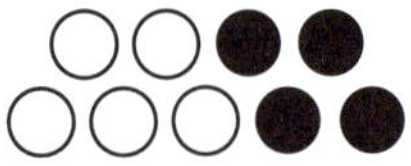

9	

4)

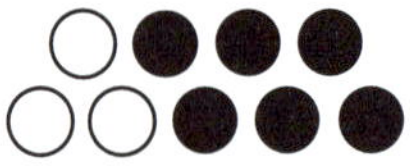

9	

5)

9	

6)

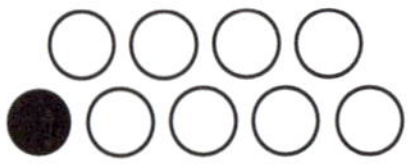

9	

7)

9	

8)

9	

2 바구니 안의 복숭아의 수를 빈칸에 써 보세요.

복숭아는 모두  9개입니다.

3 다음 빈칸에 알맞은 수를 써 보세요.

1)

9	
	3

2)

9	
	2

3)

9	
	4

4)

9	
	1

5)

9	
5	

6)

9	
7	

7)

9	
6	

8)

9	
8	

9)

9	
2	

10)

9	
	1

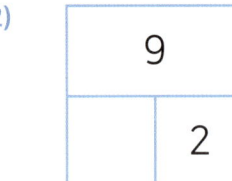

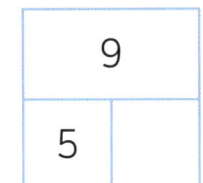

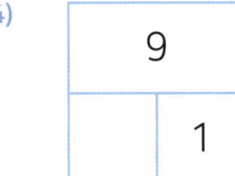

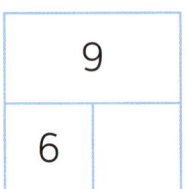

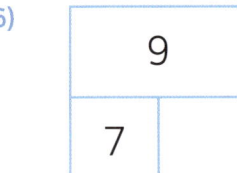

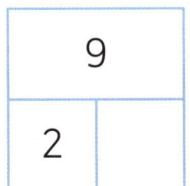

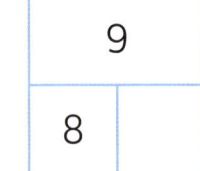

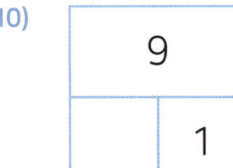

4 보기처럼 구슬을 옮겨 가며 뺄셈을 해 보세요. 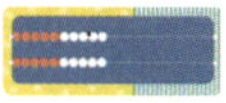

보기

9 - 5 = 4

▶ 도움말 : 9개의 구슬 중 5개를 오른쪽으로 옮기면 4개가 남습니다.
익숙해지면 눈으로 옮긴다고 생각하며 문제를 풀어 보세요.

1) 9 - 1 = ☐

2) 9 - 3 = ☐

3) 9 - 4 = ☐

4) 9 - 2 = ☐

5) 9 - 7 = ☐

6) 9 - 5 = ☐

7) 9 - 6 = ☐

8) 9 - 8 = ☐

배움 24

8과 9의 덧셈과 뺄셈 (1)

월 일

1 그림처럼 구슬을 옮기고 알맞은 숫자를 써 보세요.

1)

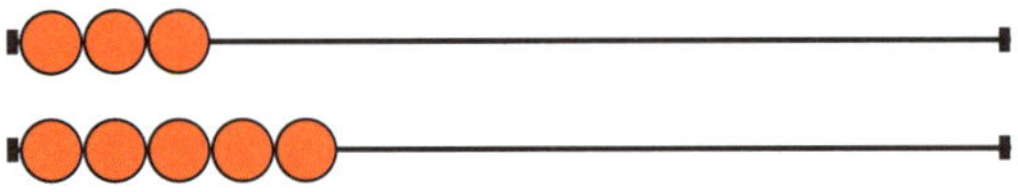

8

2)

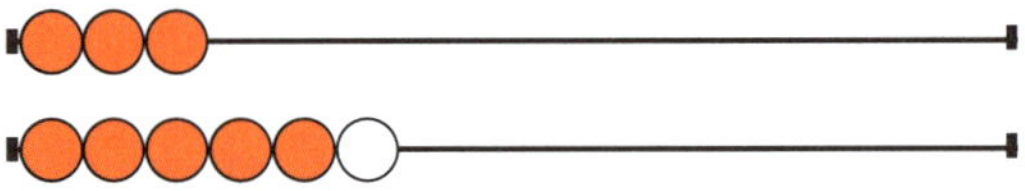

3)

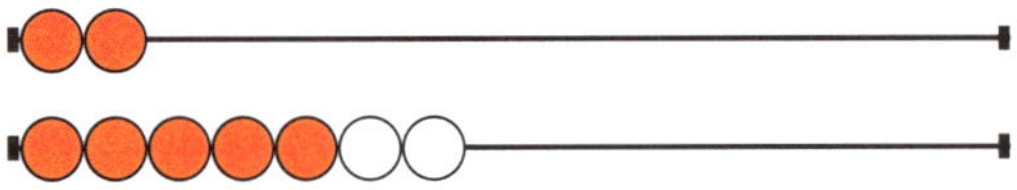

4)

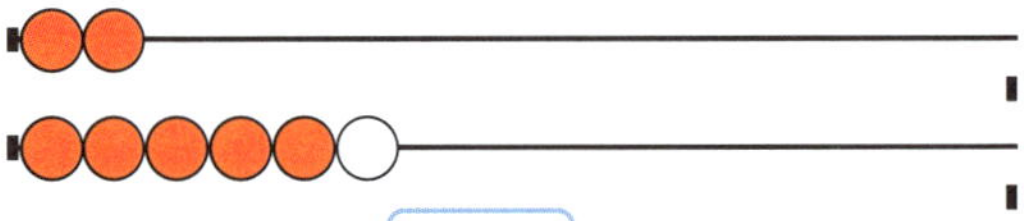

5)

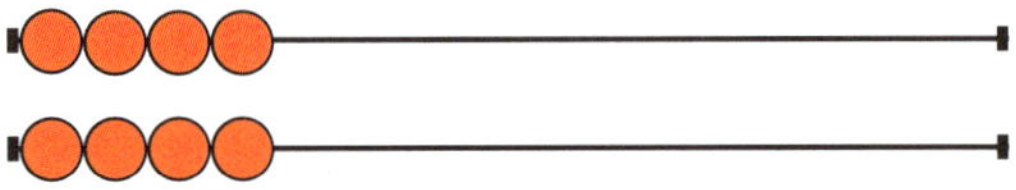

6)

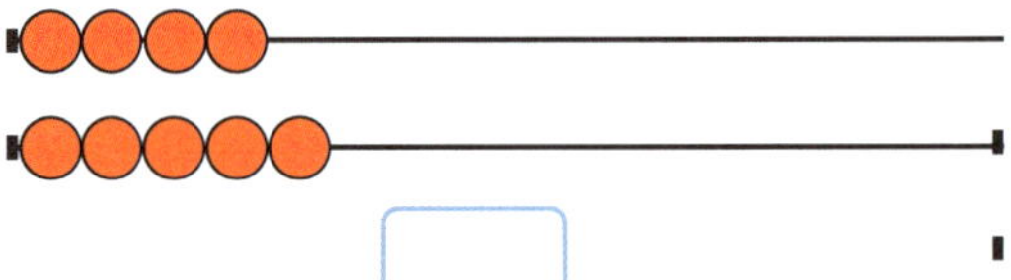

7)

8)

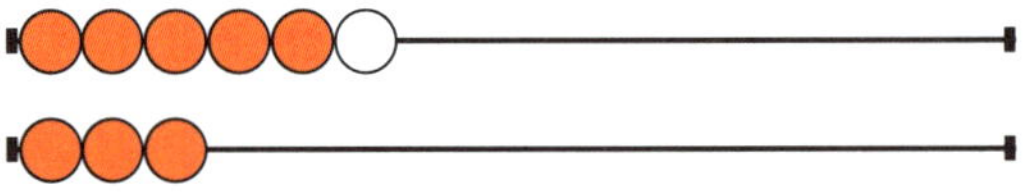

2 빈칸에 알맞은 수를 써 보세요.

1)

2)

3)

4)

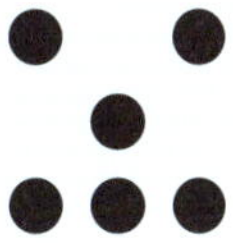

5)

6)

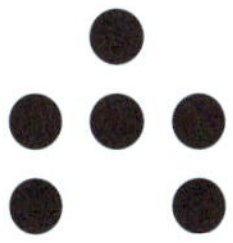

7)

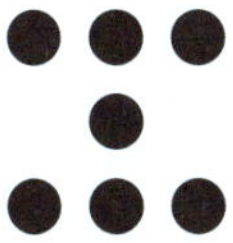

8)

3 다음 계산을 해 보세요.

1) $5 + 3 = \square$

2) $2 + 6 = \square$

3) $6 + 3 = \square$

4) $5 + 2 = \square$

5) $2 + 7 = \square$

6) $2 + 6 = \square$

7) $4 + 4 = \square$

8) $5 + 4 = \square$

9) $7 + 1 = \square$

10) $1 + 8 = \square$

11) $3 + \square = 8$

12) $6 + \square = 9$

13) $2 + \square = 8$

14) $7 + \square = 9$

4 다음 계산을 해 보세요.

1) 6 - 1 = ☐

2) 6 - 2 = ☐

3) 6 - 4 = ☐

4) 7 - 1 = ☐

5) 8 - 2 = ☐

6) 8 - 4 = ☐

7) 8 - 5 = ☐

8) 8 - 3 = ☐

9) 9 - 1 = ☐

10) 9 - 3 = ☐

11) 9 - 5 = ☐

12) 9 - 4 = ☐

13) 9 - 2 = ☐

14) 9 - 6 = ☐

배움 25

8과 9의 덧셈과 뺄셈 (2)

월 일

1 그림처럼 구슬을 옮기고 알맞은 숫자를 써 보세요. 

1)

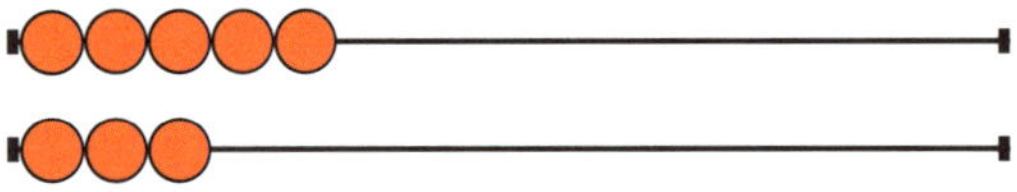

8

2)

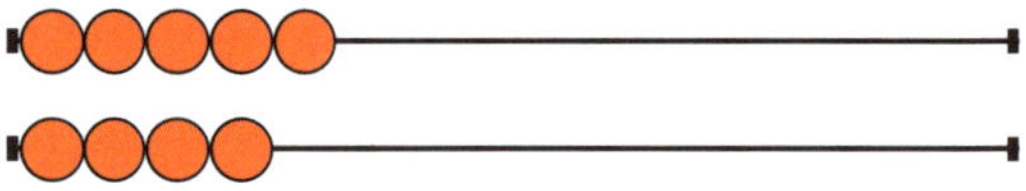

3)

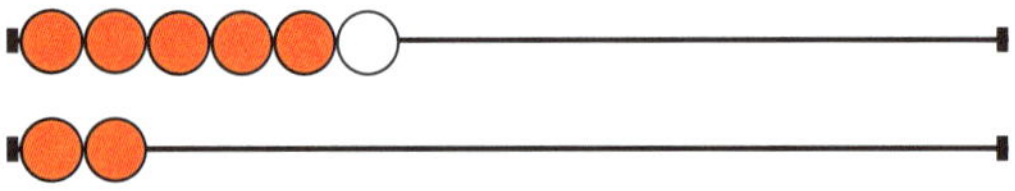

4)

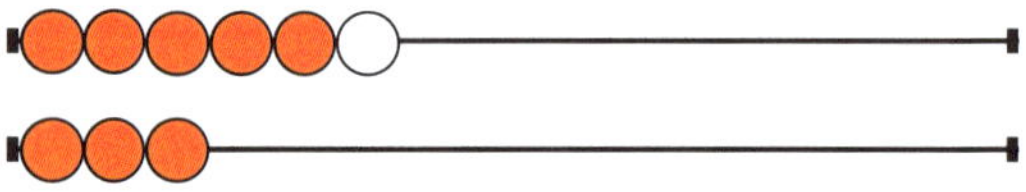

5)

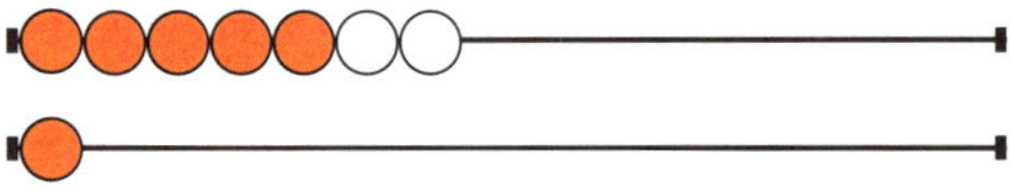

6)

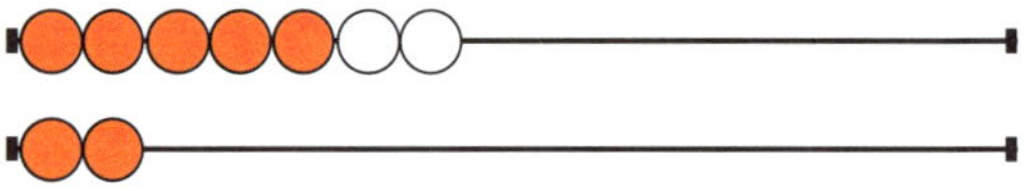

7)

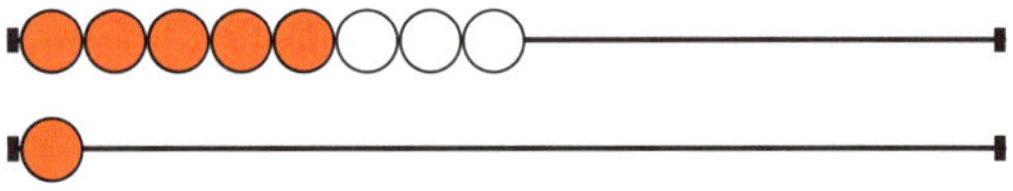

8)

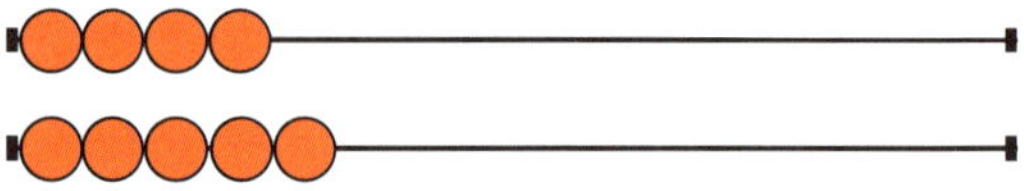

2 빈칸에 알맞은 수를 써 보세요.

1)

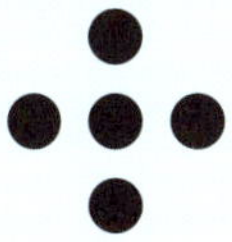

2)

3)

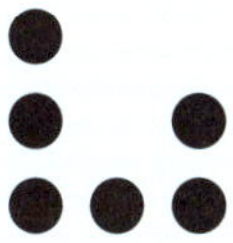

4)

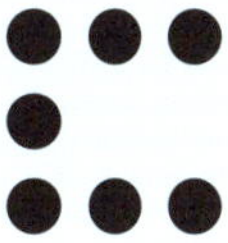

5)

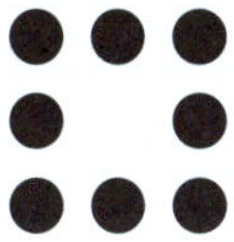

6)

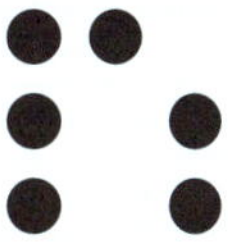

7)

8)

3 다음 계산을 해 보세요.

1) $4 + 4 = \square$

2) $4 + 3 = \square$

3) $6 + 2 = \square$

4) $3 + 5 = \square$

5) $6 + 3 = \square$

6) $3 + 6 = \square$

7) $4 + 5 = \square$

8) $5 + 4 = \square$

9) $7 + 2 = \square$

10) $1 + 7 = \square$

11) $3 + \square = 9$

12) $6 + \square = 8$

13) $3 + \square = 8$

14) $5 + \square = 9$

4 다음 계산을 해 보세요.

1) 8 − 4 = ☐

2) 8 − 2 = ☐

3) 8 − 3 = ☐

4) 8 − 1 = ☐

5) 8 − 2 = ☐

6) 8 − 5 = ☐

7) 9 − 1 = ☐

8) 9 − 3 = ☐

9) 9 − 2 = ☐

10) 9 − 5 = ☐

11) 9 − 4 = ☐

12) 9 − 6 = ☐

13) 9 − 7 = ☐

14) 9 − 8 = ☐

배움 26

6부터 9까지의 덧셈과 뺄셈 (1)

월 일

1 빈칸에 알맞은 수를 써 보세요.

1) 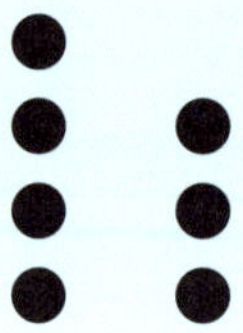 □

2) 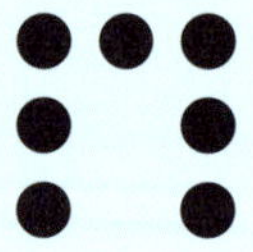 □

3) 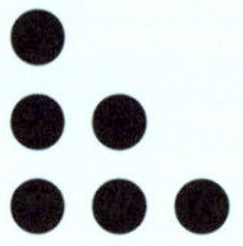 □

4) 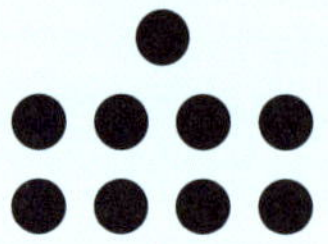 □

5) 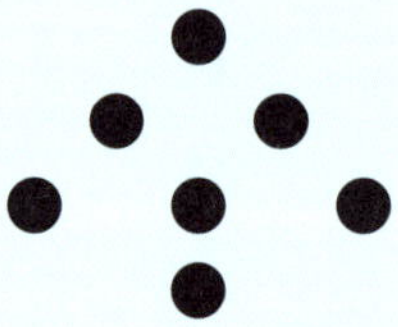 □

6) 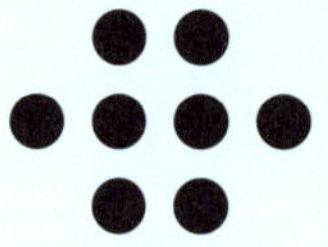 □

7) 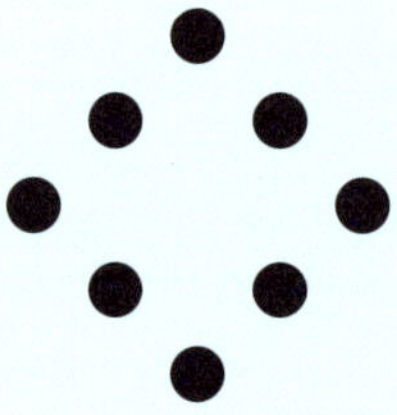 □

8) 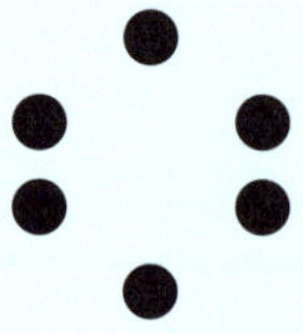 □

2 빈칸에 알맞은 숫자를 써 보세요.

1)

	+1
5	6
6	
7	
8	

2)

	−1
9	8
8	
7	
6	

3)

	+2
5	
6	
7	

4)

	−2
9	
8	
7	

5)

	+3
5	
6	

6)

	−3
9	
8	

3 다음 계산을 해 보세요.

1) $6 + 1 = \square$

2) $6 - 1 = \square$

3) $7 - 2 = \square$

4) $7 + 3 = \square$

5) $8 - 3 = \square$

6) $8 - 2 = \square$

7) $8 - 1 = \square$

8) $8 + 2 = \square$

9) $9 - 3 = \square$

10) $9 - 2 = \square$

11) $9 + 3 = \square$

12) $9 + 2 = \square$

13) $9 - 6 = \square$

14) $9 - 4 = \square$

4 다음 계산을 해 보세요.

1) $6 + 3 = \square$

2) $6 - 2 = \square$

3) $7 - 3 = \square$

4) $7 + 1 = \square$

5) $8 + 1 = \square$

6) $4 + 2 = \square$

7) $8 - 4 = \square$

8) $8 - 3 = \square$

9) $9 - 5 = \square$

10) $9 - 4 = \square$

11) $5 + 3 = \square$

12) $9 - 3 = \square$

13) $8 - 6 = \square$

14) $8 - 4 = \square$

배움 27

6부터 9까지의 덧셈과 뺄셈 (2)

월 일

1 빈칸에 알맞은 수를 써 보세요.

1)

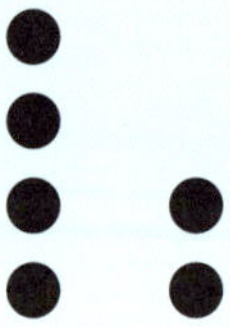

2)

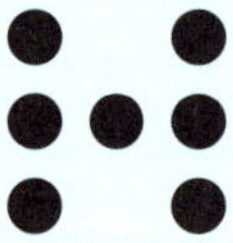

3)

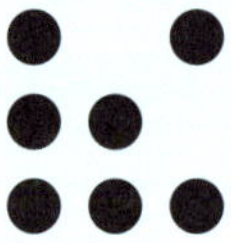

4)

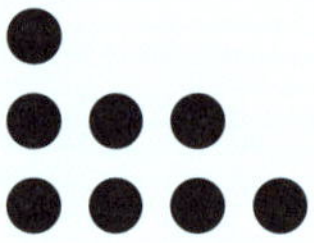

5)

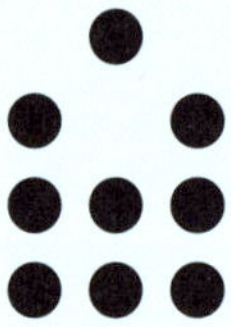

6)

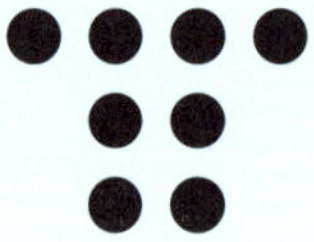

7)

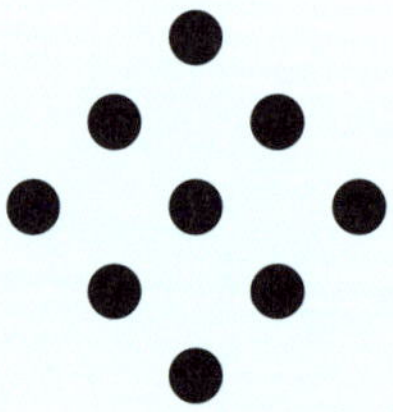

8)

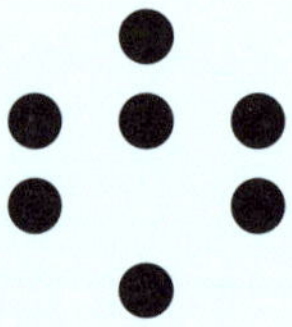

2 빈칸에 알맞은 숫자를 써 보세요.

1)

	+1
7	
8	
5	
6	

2)

	−1
7	
9	
6	
5	

3)

	+2
7	
5	
6	

4)

	−2
7	
9	
8	

5)

	+3
6	
5	

6)

	−3
8	
9	

3 다음 계산을 해 보세요.

1) $7 + 2 = \square$

2) $7 - 4 = \square$

3) $8 - 2 = \square$

4) $7 + 3 = \square$

5) $9 - 3 = \square$

6) $6 - 2 = \square$

7) $7 - 1 = \square$

8) $9 - 7 = \square$

9) $8 - 3 = \square$

10) $7 - 2 = \square$

11) $6 - 2 = \square$

12) $6 + 2 = \square$

13) $8 - 6 = \square$

14) $9 - 4 = \square$

4 다음 계산을 해 보세요.

1) 6 + 3 = ☐

2) 6 − 2 = ☐

3) 7 − 3 = ☐

4) 7 + 1 = ☐

5) 8 + 1 = ☐

6) 4 + 2 = ☐

7) 8 − 4 = ☐

8) 8 − 3 = ☐

9) 9 − 5 = ☐

10) 9 − 7 = ☐

11) 5 + 3 = ☐

12) 9 − 8 = ☐

13) 8 − 6 = ☐

14) 8 − 7 = ☐

배움 28

10 이 되려면?

월 일

1 구슬은 모두 10개입니다. 10이 되려면 몇이 더 필요할까요?

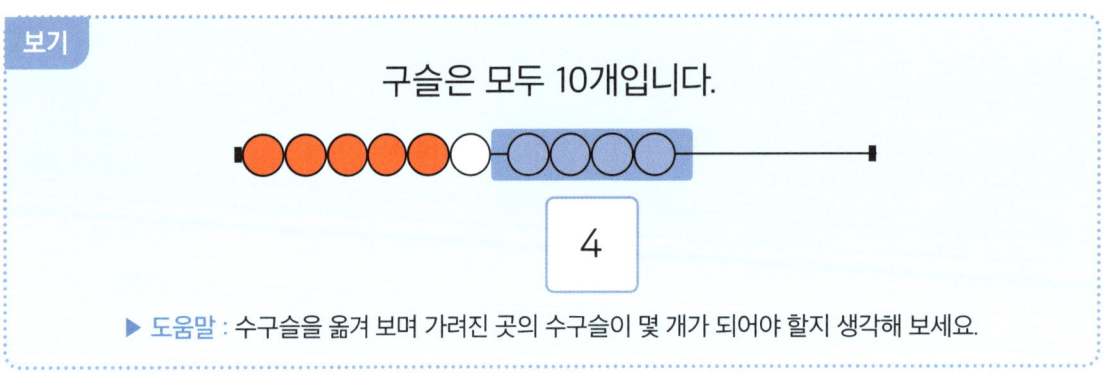

보기

구슬은 모두 10개입니다.

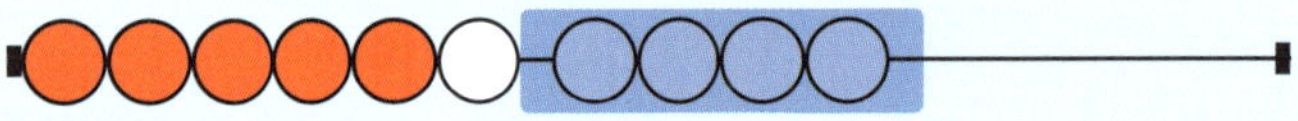

4

▶ 도움말 : 수구슬을 옮겨 보며 가려진 곳의 수구슬이 몇 개가 되어야 할지 생각해 보세요.

1) 모두 10개

2) 모두 10개

3) 모두 10개

4) 모두 10개

5) 모두 10개

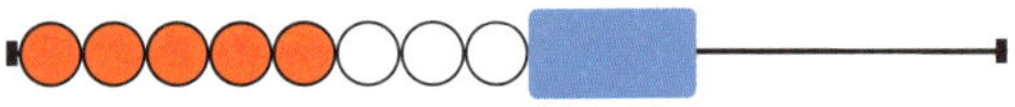

6) 모두 10개

7) 모두 10개

8) 모두 10개

2 보기와 같이 점의 수를 써 보세요.

보기

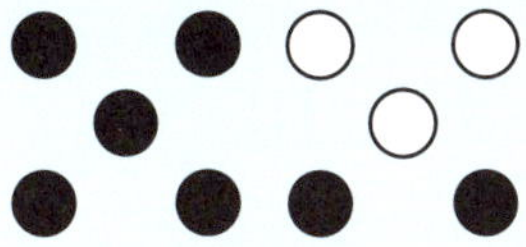

7 (검은색 점)	3 (흰색 점)
10 (전체 점의 수)	

▶ **도움말** : 검은색 점은 색칠된 칸에 수를 적어 주세요.

1)

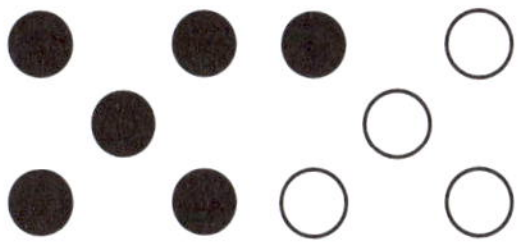

6	
10	

2)

	2
10	

3)

10	

4)

10	

5)

10	

6)

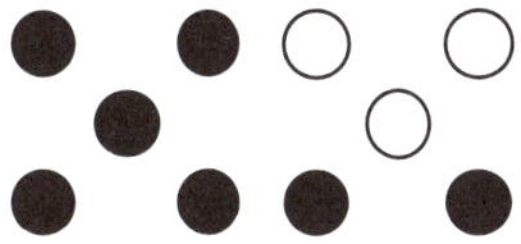

10	

7)

10	

8)

10	

3 다음 빈칸에 알맞은 수를 써 보세요.

1)
<table><tr><td>5</td><td></td></tr><tr><td colspan="2">10</td></tr></table>

2)
<table><tr><td>7</td><td></td></tr><tr><td colspan="2">10</td></tr></table>

3)
<table><tr><td>4</td><td></td></tr><tr><td colspan="2">10</td></tr></table>

4)
<table><tr><td>2</td><td></td></tr><tr><td colspan="2">10</td></tr></table>

5)
<table><tr><td></td><td>3</td></tr><tr><td colspan="2">10</td></tr></table>

6)
<table><tr><td></td><td>6</td></tr><tr><td colspan="2">10</td></tr></table>

7)
<table><tr><td></td><td>9</td></tr><tr><td colspan="2">10</td></tr></table>

8)
<table><tr><td></td><td>4</td></tr><tr><td colspan="2">10</td></tr></table>

9)
<table><tr><td>2</td><td></td></tr><tr><td colspan="2">10</td></tr></table>

10)
<table><tr><td>5</td><td></td></tr><tr><td colspan="2">10</td></tr></table>

4 보기와 같이 덧셈을 해 보세요.

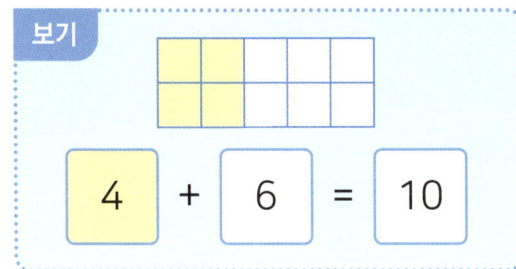

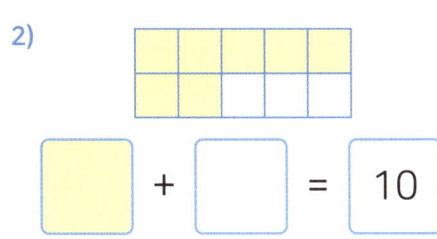

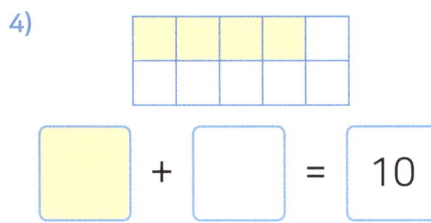

보기

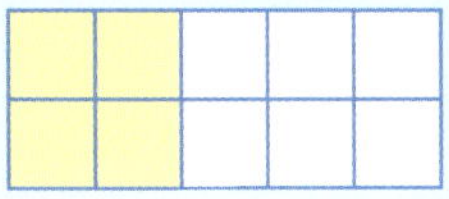

4 + 6 = 10

1)

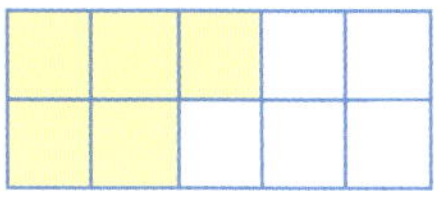

□ + 5 = 10

2)

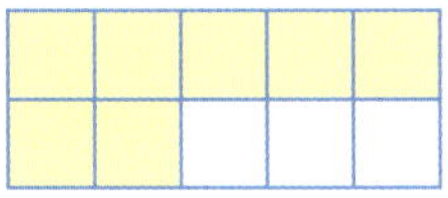

□ + □ = 10

3)

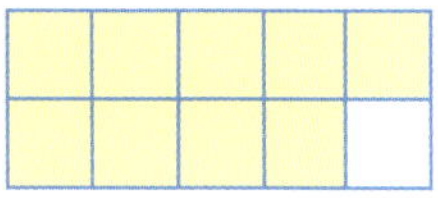

□ + □ = 10

4)

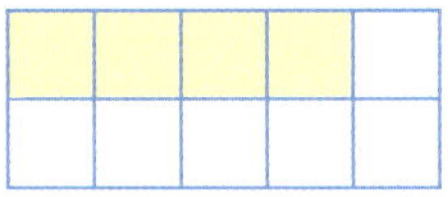

□ + □ = 10

5)

□ + □ = 10

6)

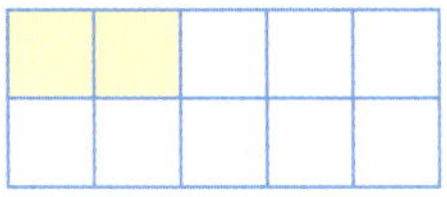

□ + □ = 10

7)

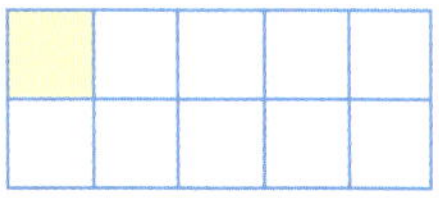

□ + □ = 10

5 다음 덧셈을 해 보세요.

1) 5 + 4 = □

2) 5 + 5 = □

3) 1 + □ = 10

4) 3 + □ = 10

5) □ + 8 = 10

6) □ + 4 = 10

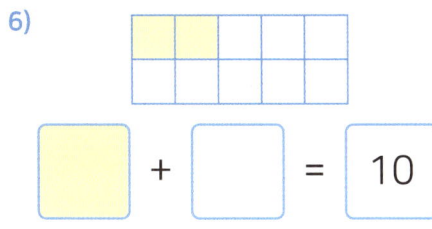

배움 29

10에서 빼기

월 일

1 보기와 같이 점의 수를 써 보세요.

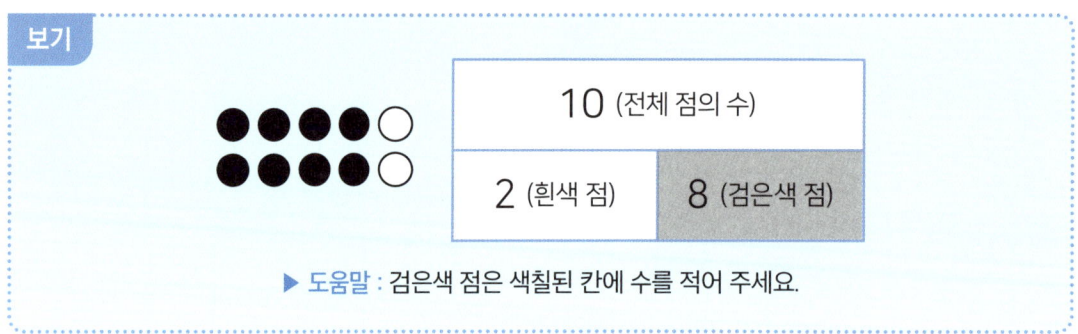

보기

●●●●○
●●●●○

10 (전체 점의 수)	
2 (흰색 점)	8 (검은색 점)

▶ 도움말 : 검은색 점은 색칠된 칸에 수를 적어 주세요.

1)

○○○●●
●●●●●

10	
3	

2)

○○○○○
●●●●●

10	
	5

3)

○○○○○
○●●●●

10	

4)

○○○○○
○○○●●

10	

5)

○○○●●
○○●●●

10	

6)

○●●●●
●●●●●

10	

7)

○○○○○
○○○○●

10	

8)

○●●●●
○●●●●

10	

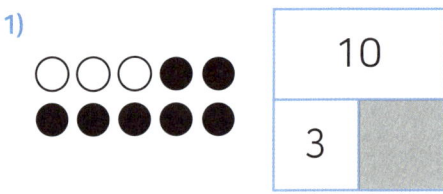

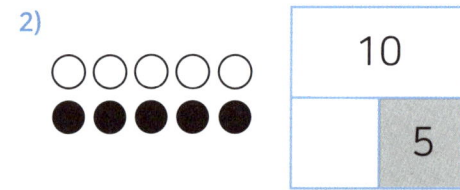

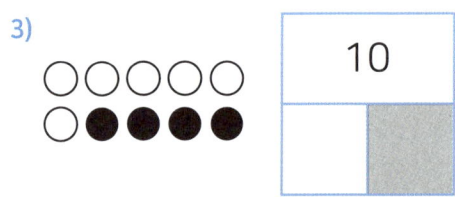

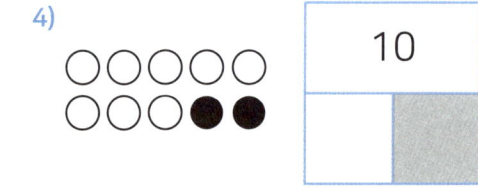

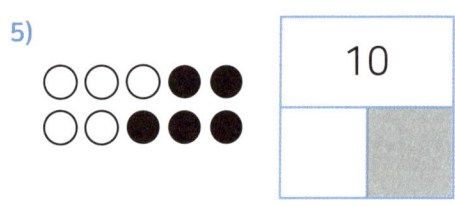

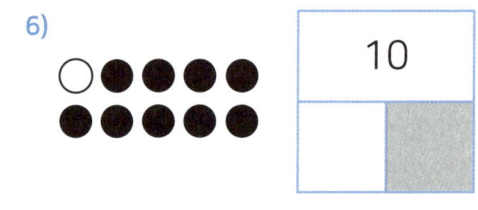

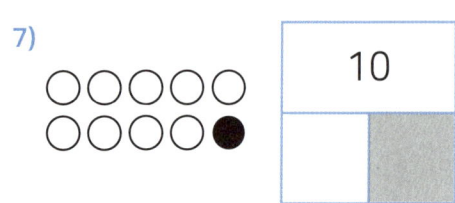

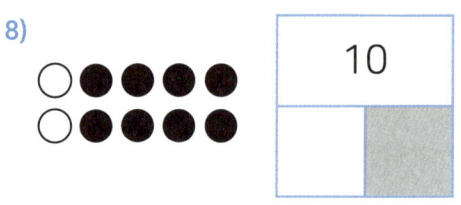

2 바구니 안의 딸기의 수를 빈칸에 써 보세요.

딸기는 모두  10개입니다.

3 다음 빈칸에 알맞은 수를 써 보세요.

1)

10	
	3

2)

10	
	2

3)

10	
	1

4)

10	
	5

5)

10	
	6

6)

10	
	8

7)

10	
2	

8)

10	
1	

9)

10	
3	

10)

10	
5	

4 보기처럼 구슬을 옮겨 가며 뺄셈을 해 보세요.

보기

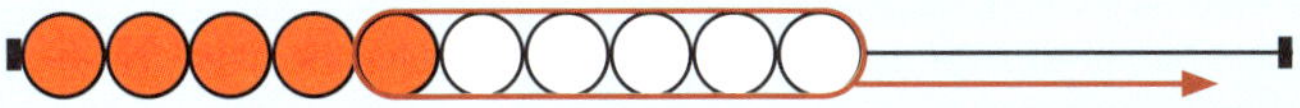

10 − 6 = 4

▶ 도움말 : 10개의 구슬 중 6개를 오른쪽으로 옮기면 4개가 남습니다.
익숙해지면 눈으로 옮긴다고 생각하며 문제를 풀어 보세요.

1) 10 − 4 = □

2) 10 − 2 = □

3) 10 − 3 = □

4) 10 − 5 = □

5) 10 − 7 = □

6) 10 − 6 = □

7) 10 − 1 = □

8) 10 − 4 = □

3단원

50까지의 수

배움 30

20까지의 수

월 일

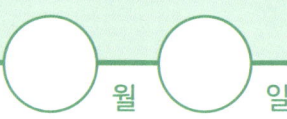

1 숫자판을 보며 숫자를 읽어 보세요.

1	2	3	4	5	6	7	8	9	10
11	12	13	14	15	16	17	18	19	20

2 구슬을 옮기며 숫자에 ○표 하세요. 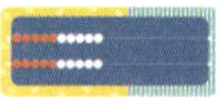

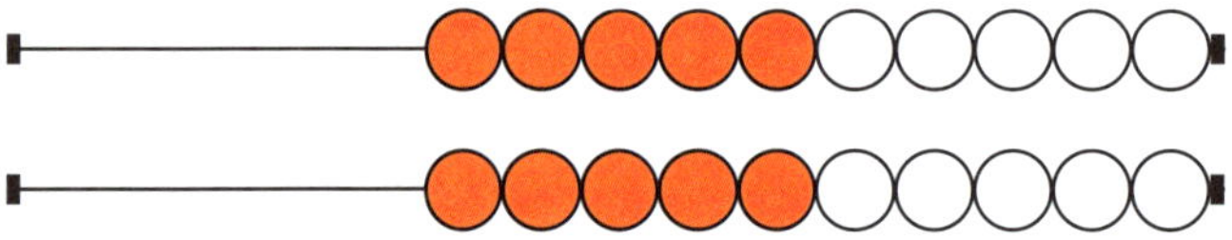

1) 1부터 20까지 수를 순서대로 말하면서 구슬을 옮겨 보세요. ▶ 했어요. ☐

2) 20부터 1까지 거꾸로 수를 말하면서 구슬을 옮겨 보세요. ▶ 했어요. ☐

3 보기처럼 구슬을 옮기고 알맞은 수를 써 보세요. 

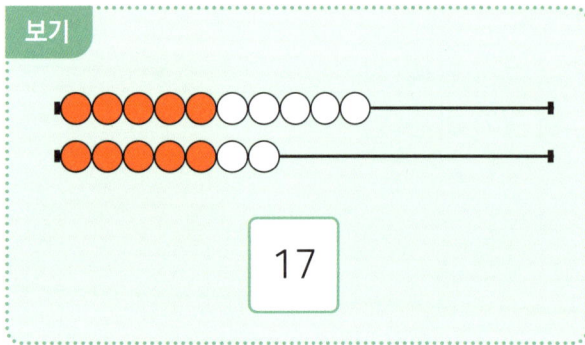

보기

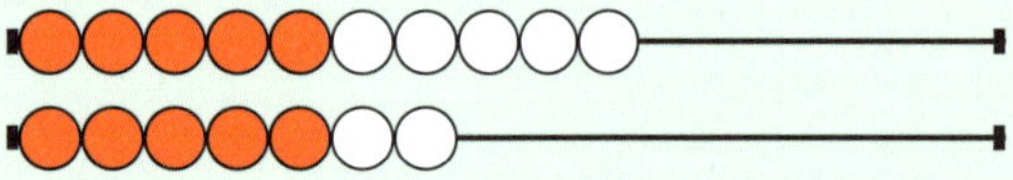

17

1)

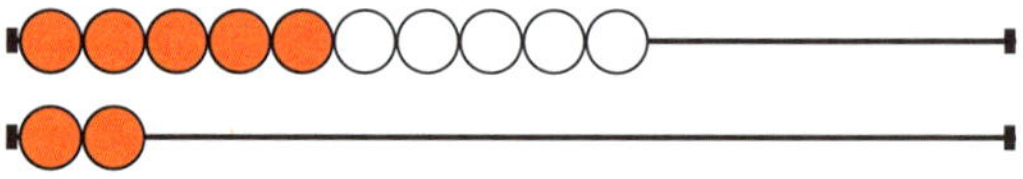

☐

2)

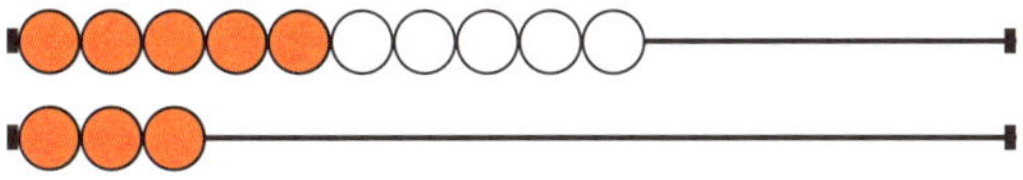

3)

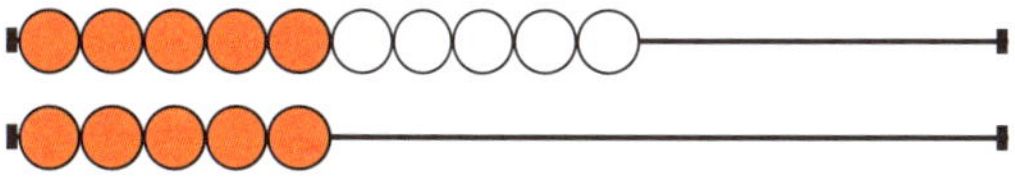

4)

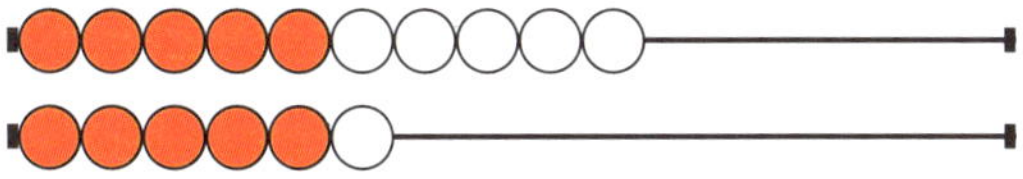

5)

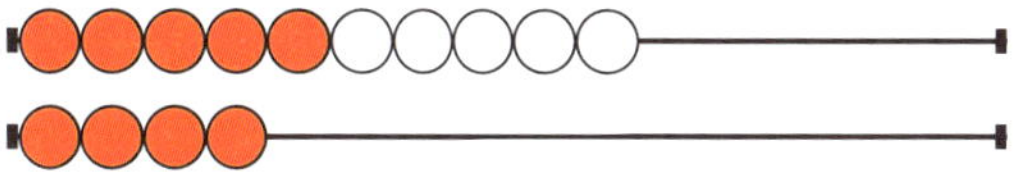

6)

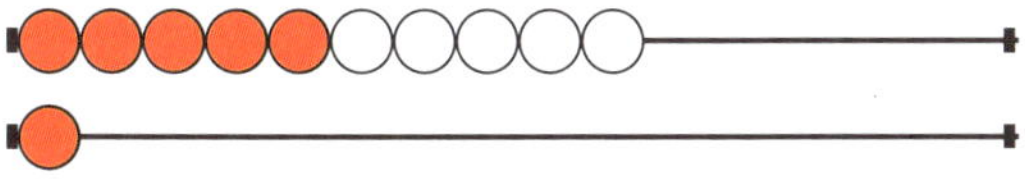

7)

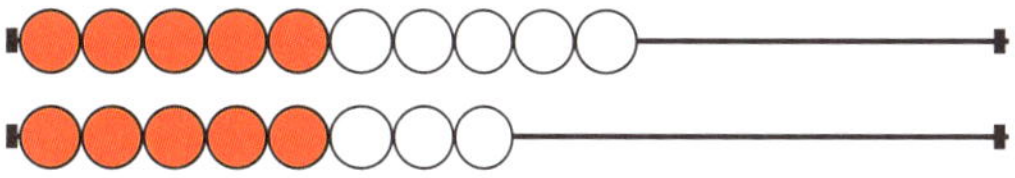

8)

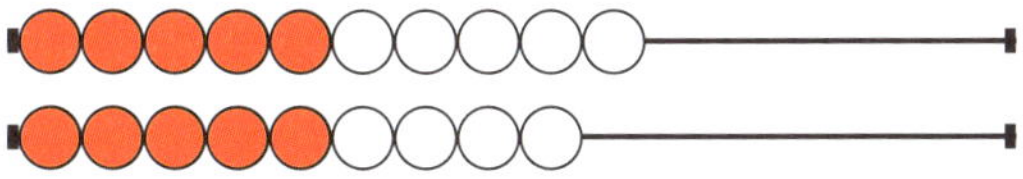

9)

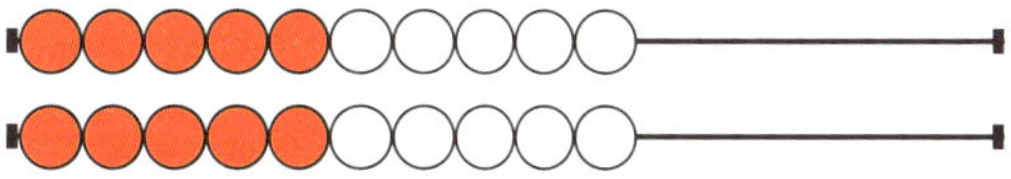

4 빈칸에 알맞은 수를 써 보세요.

1	2	3	4	5		7		9	
11		13		15		17		19	

1	2	3	4		6		8		10
	12		14		16		18		20

5 보기처럼 색칠된 칸의 수를 써 보세요.

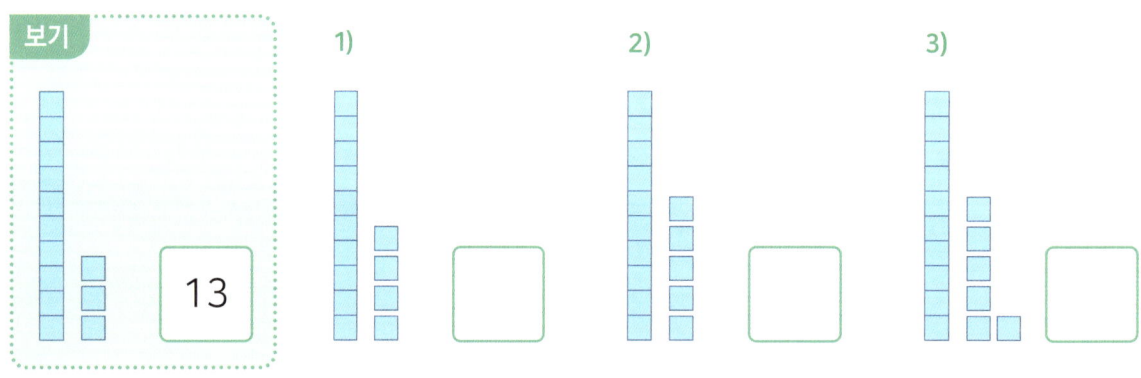

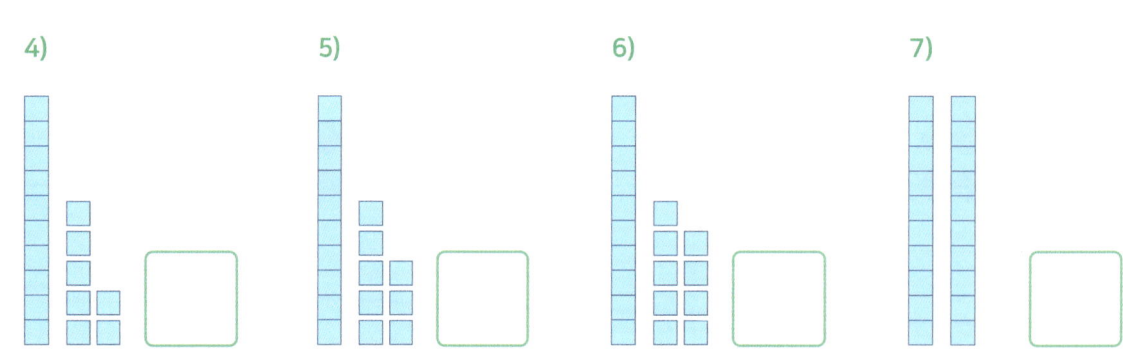

보기

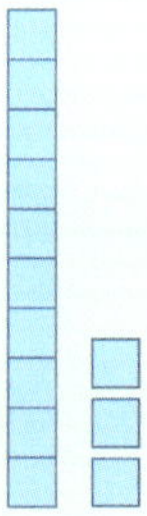

13

1)

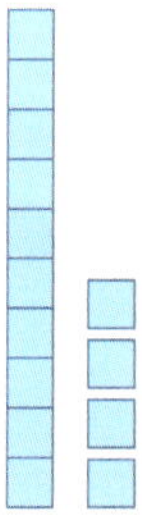

2)

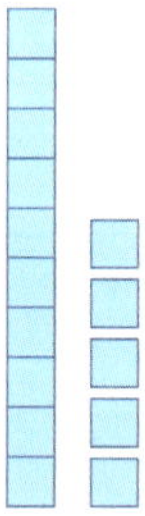

3)

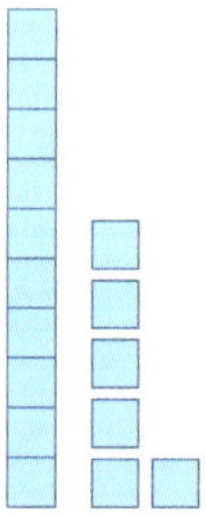

4)

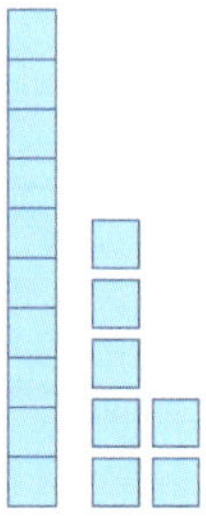

5)

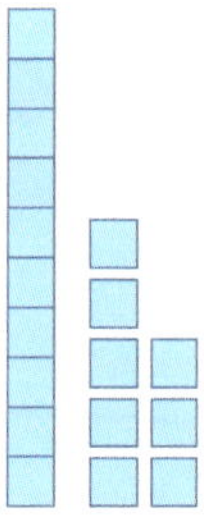

6)

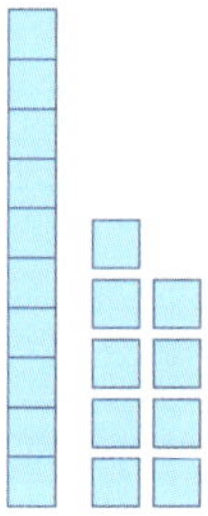

7)

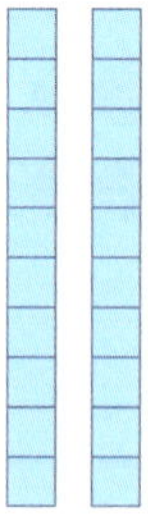

6 작은 수부터 큰 수의 순서대로 써 보세요.

13 11 17 15

16 18 15 19

7 빈칸에 알맞은 숫자를 써 보세요.

	1 큰 수
11	12
12	
13	
14	
15	

	1 작은 수
20	19
19	
18	
17	
16	

	2 큰 수
10	12
11	
12	
13	
14	

	2 작은 수
19	17
18	
17	
16	
15	

배움 31

10씩 묶어 세기 (1)

월 일

1 빈칸에 알맞은 수를 써 넣으세요.

1	2	3	4	5	6	7	8	9	10
11	12	13	14	15	16	17	18	19	20
21	22	23	24		26		28	29	
31		33	34	35	36	37	38		
41	42	43		45		47	48	49	50

2 보기처럼 10부터 50까지 가림막을 내리며 세어 보세요.

보기

10 20 30

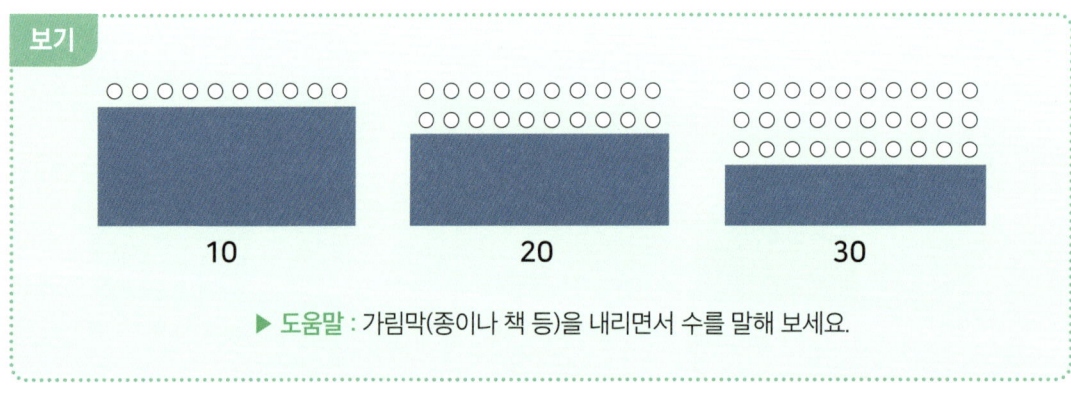

▶ **도움말 :** 가림막(종이나 책 등)을 내리면서 수를 말해 보세요.

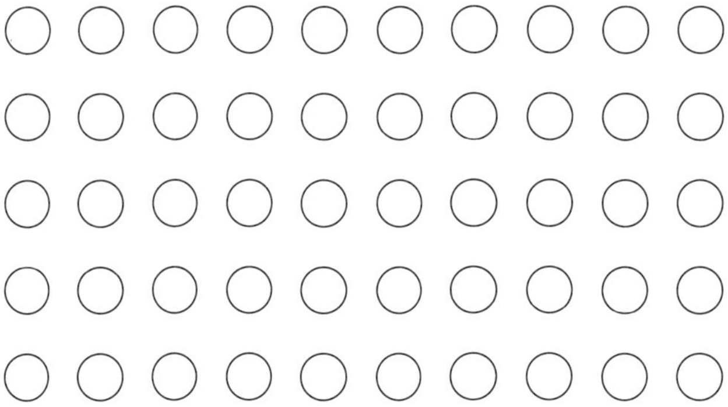

3 동전의 숫자를 보고 빈칸에 알맞은 수를 쓰세요.

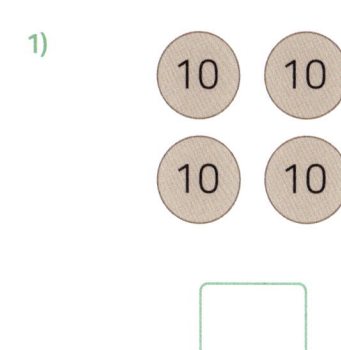

보기

10 10 10

30

1)

10 10
10 10

2)

10 10 10
10 10

3)

10

4)

10 10 10

5)

10 10

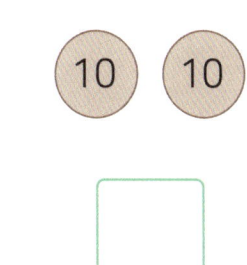

4 다음 계산을 해 보세요.

1) 3 + 1 = ☐

2) 3 + 3 = ☐

3) 2 + 2 = ☐

4) 1 + 8 = ☐

5) 1 + 3 = ☐

6) 5 + 5 = ☐

7) 4 + 4 = ☐

8) 6 + 1 = ☐

9) 3 + 2 = ☐

10) 4 + 6 = ☐

11) 2 + 3 = ☐

12) 7 + 3 = ☐

13) 2 + 4 = ☐

14) 2 + 7 = ☐

15) 5 + 4 = ☐

5 다음 계산을 해 보세요.

1) 2 - 1 = ☐

2) 10 - 2 = ☐

3) 6 - 2 = ☐

4) 5 - 1 = ☐

5) 8 - 2 = ☐

6) 8 - 1 = ☐

7) 4 - 3 = ☐

8) 6 - 1 = ☐

9) 3 - 2 = ☐

10) 10 - 3 = ☐

11) 6 - 3 = ☐

12) 8 - 4 = ☐

13) 8 - 6 = ☐

14) 7 - 5 = ☐

15) 6 - 4 = ☐

배움 32

10씩 묶어 세기 (2)

월 일

1 보기처럼 빈칸에 알맞은 숫자를 써 보세요.

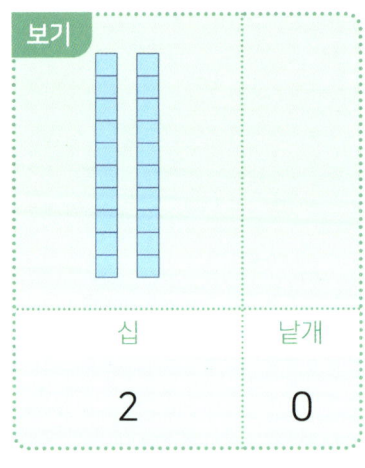

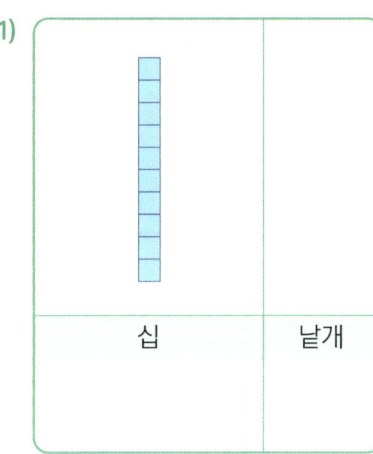

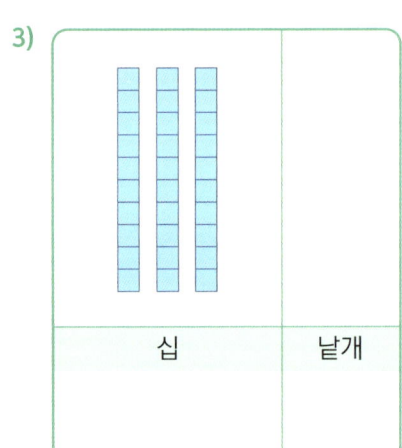

보기

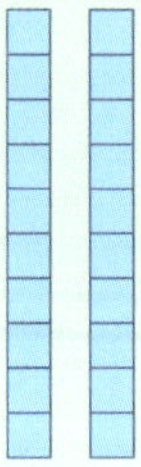

십	낱개
2	0

1)

십	낱개

2)

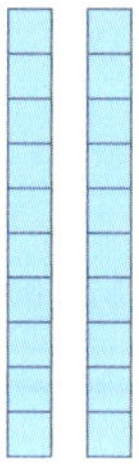

십	낱개

3)

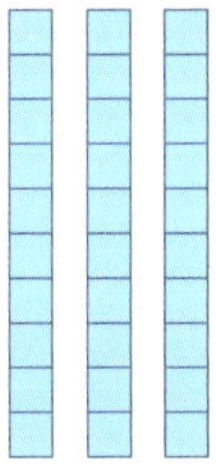

십	낱개

4)

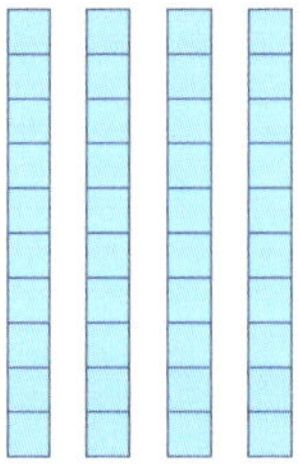

십	낱개

5)

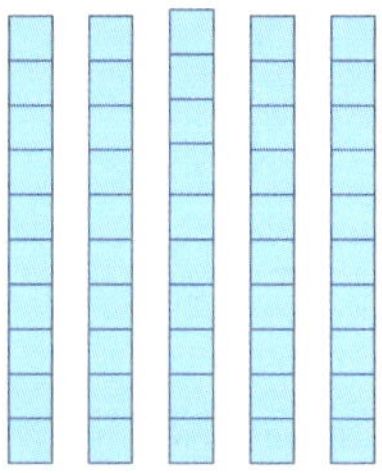

십	낱개

6)

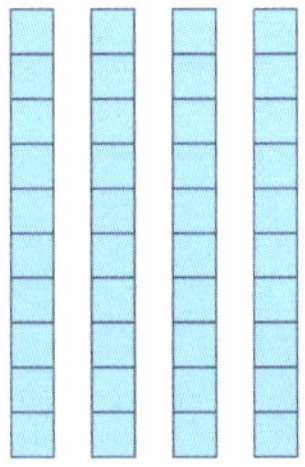

십	낱개

7)

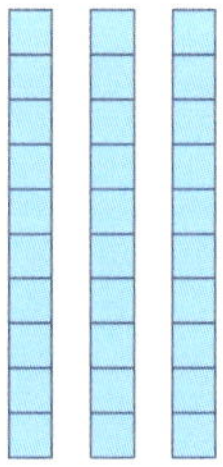

십	낱개

8)

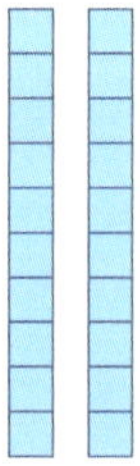

십	낱개

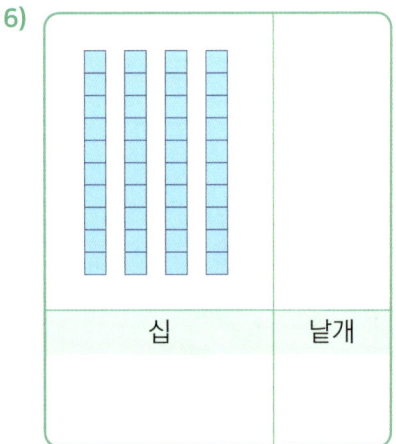

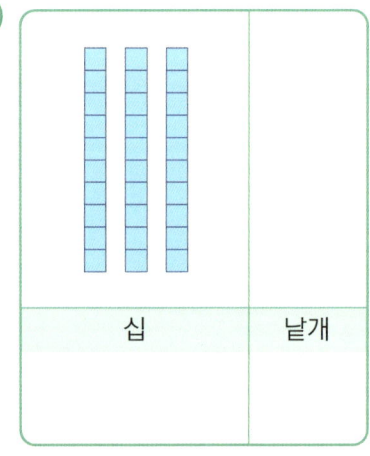

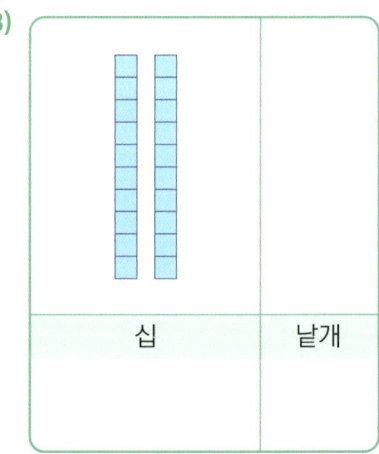

2 보기처럼 10씩 묶고 점의 수를 빈칸에 써 보세요.

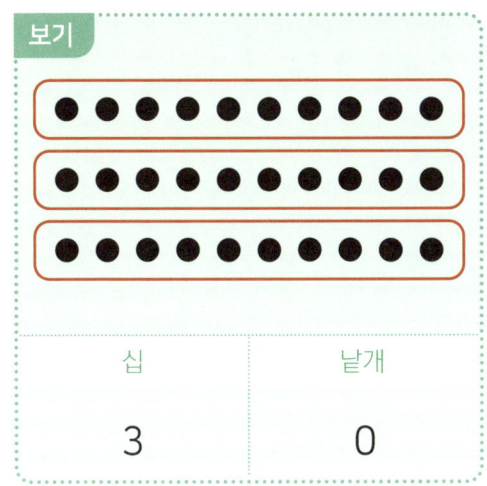

보기

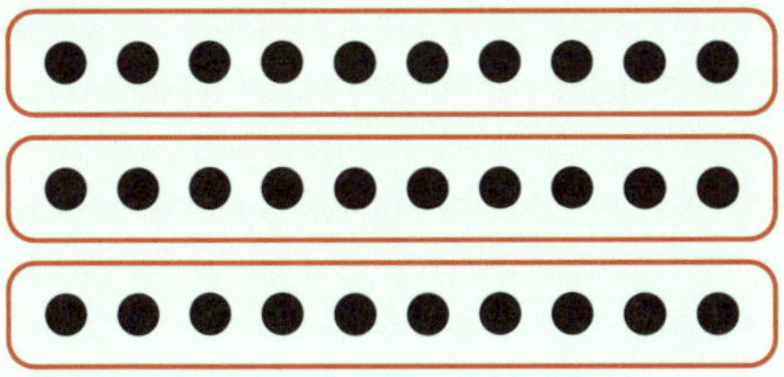

십	낱개
3	0

1)

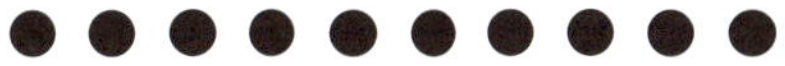

십	낱개

2)

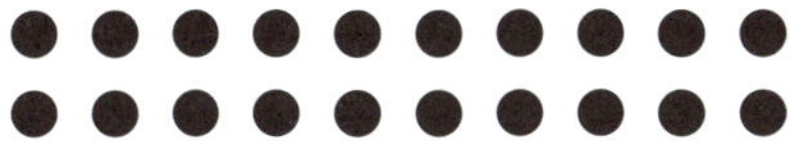

십	낱개

3)

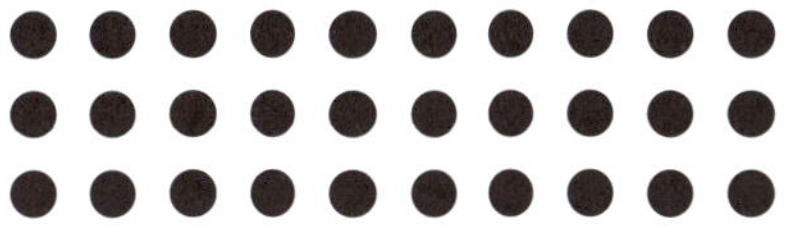

십	낱개

4)

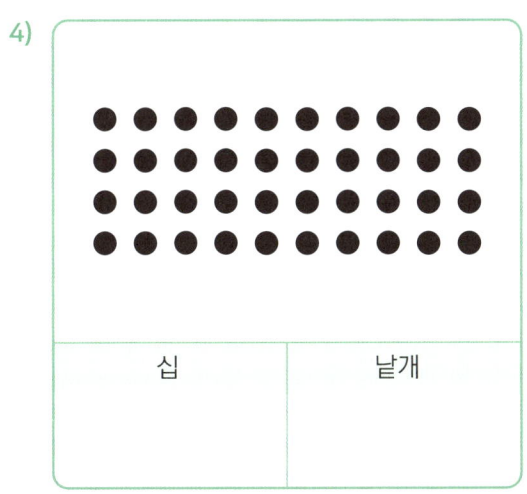

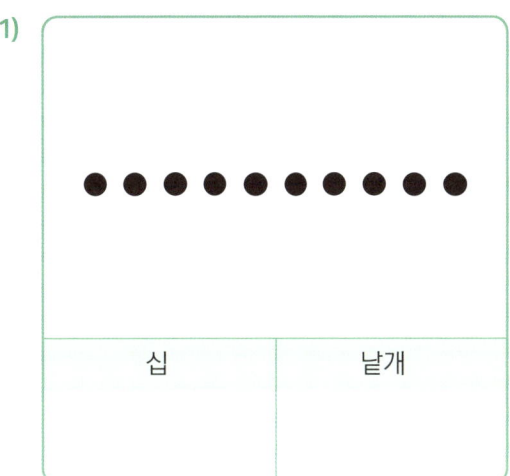

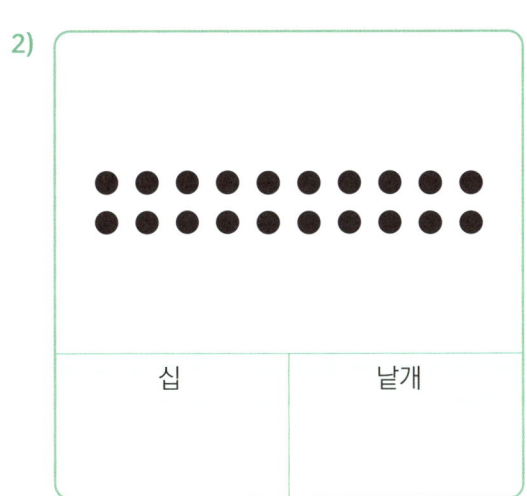

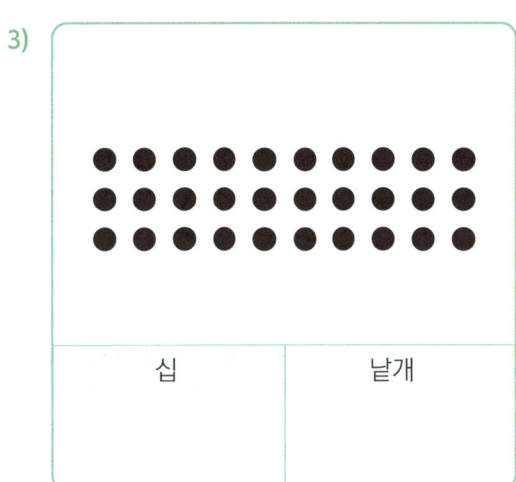

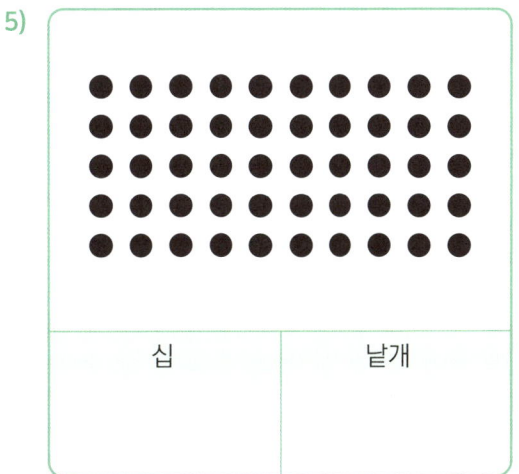

십	낱개

5)

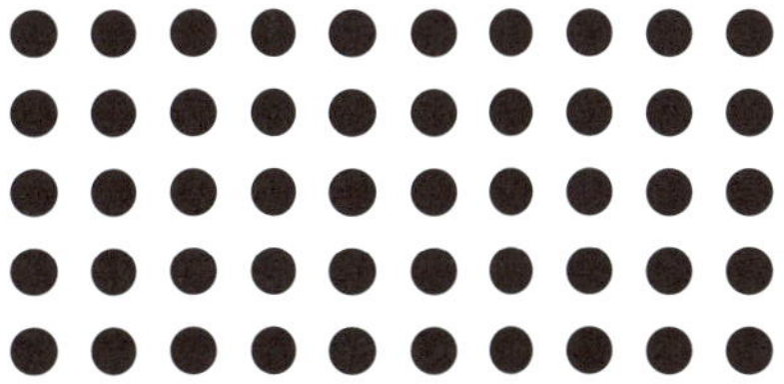

십	낱개

3 다음 계산을 해 보세요.

1) $4 + 6 = \square$

2) $1 + 7 = \square$

3) $4 + 2 = \square$

4) $1 + 4 = \square$

5) $5 + 1 = \square$

6) $7 + 1 = \square$

7) $6 + 4 = \square$

8) $8 + 2 = \square$

9) $1 + 5 = \square$

10) $7 + 2 = \square$

11) $3 + 5 = \square$

12) $4 + 3 = \square$

13) $2 + 5 = \square$

14) $7 + 3 = \square$

15) $4 + 5 = \square$

4 다음 계산을 해 보세요.

1) 10 − 1 = □

2) 7 − 2 = □

3) 9 − 1 = □

4) 5 − 2 = □

5) 4 − 1 = □

6) 7 − 1 = □

7) 7 − 3 = □

8) 10 − 4 = □

9) 10 − 8 = □

10) 9 − 4 = □

11) 9 − 6 = □

12) 6 − 5 = □

13) 7 − 6 = □

14) 10 − 5 = □

15) 9 − 5 = □

10씩 묶어 세기 (3)

월 일

1 보기처럼 빈칸에 알맞은 수를 써 보세요.

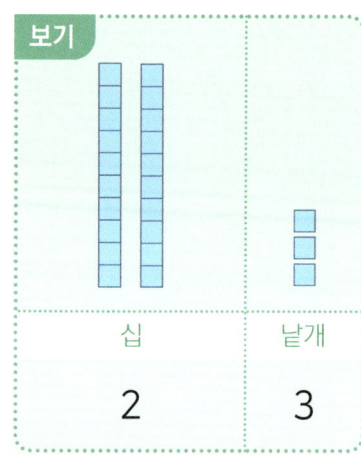

보기

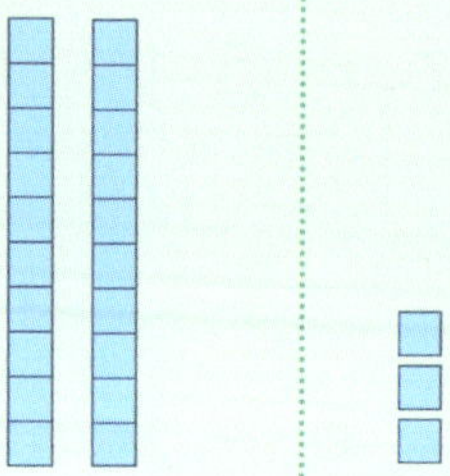

십	낱개
2	3

1)

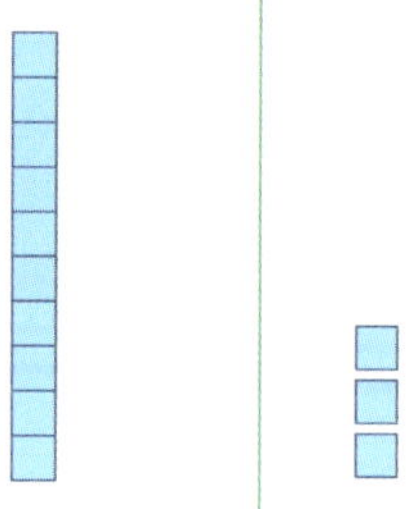

십	낱개

2)

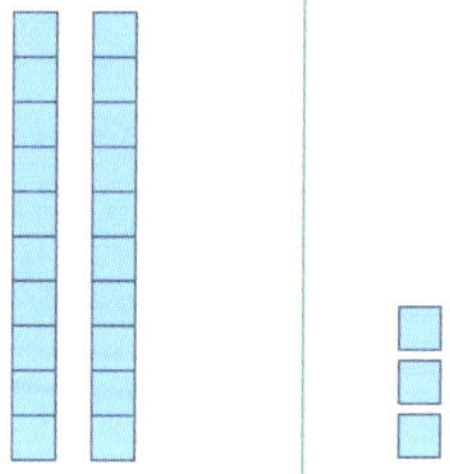

십	낱개

3)

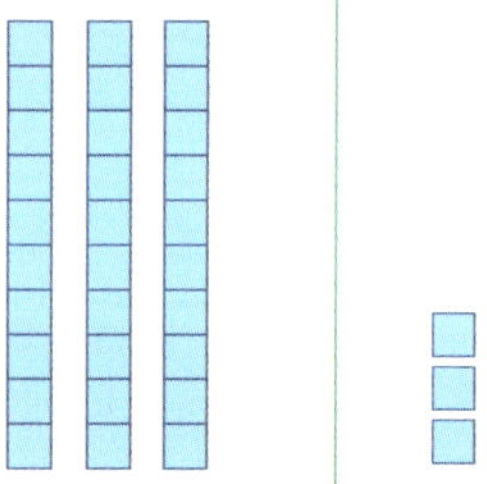

십	낱개

4)

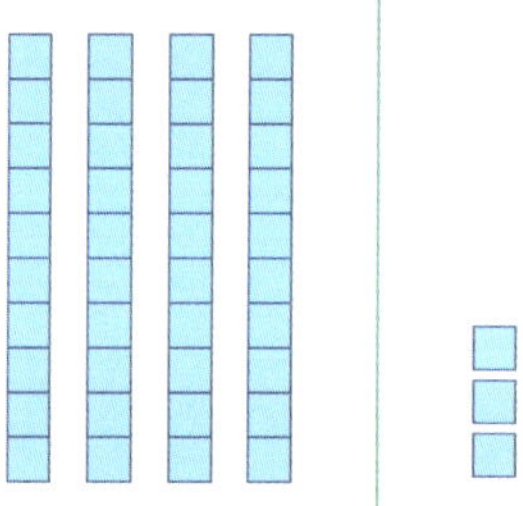

십	낱개

5)

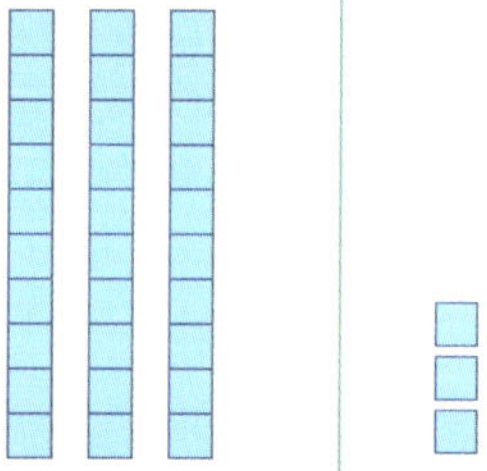

십	낱개

6)

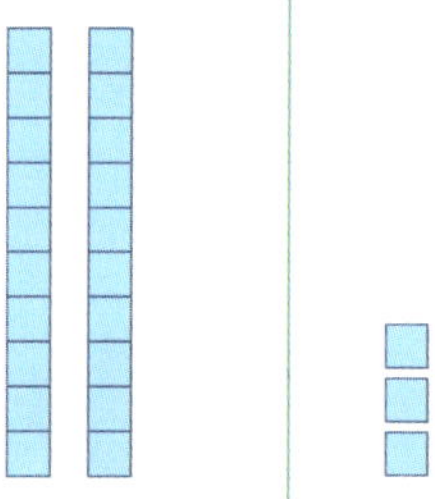

십	낱개

7)

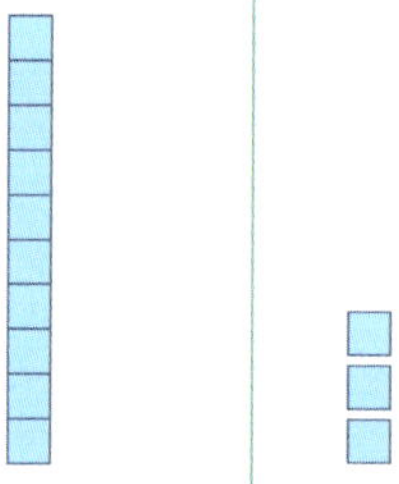

십	낱개

8)

십	낱개

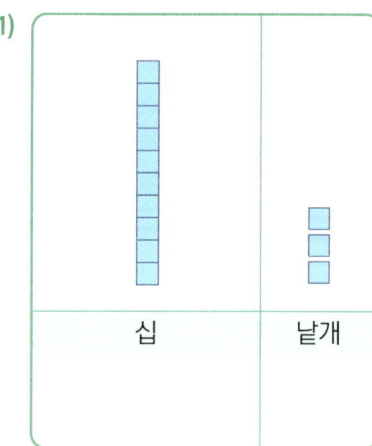

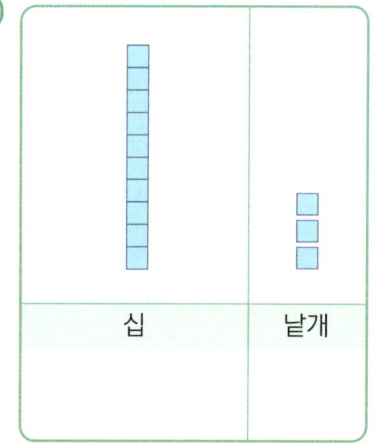

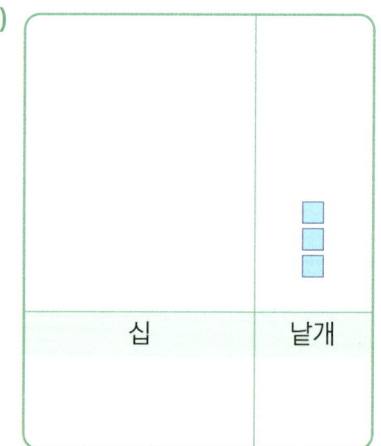

2 보기처럼 10씩 묶고 점의 수를 빈칸에 써 보세요.

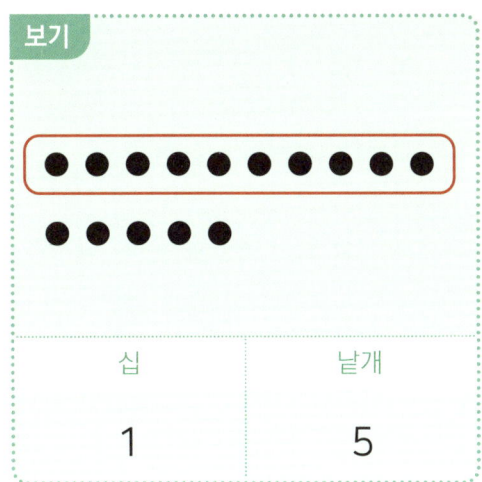

보기

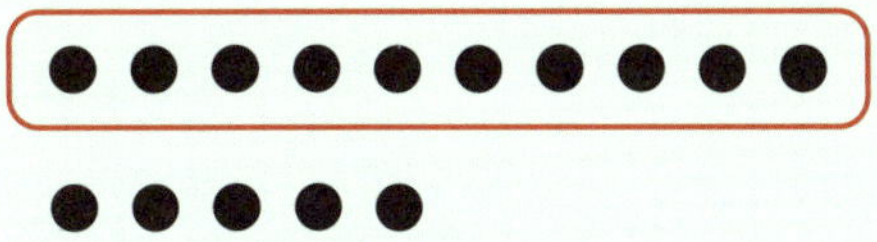

십	낱개
1	5

1)

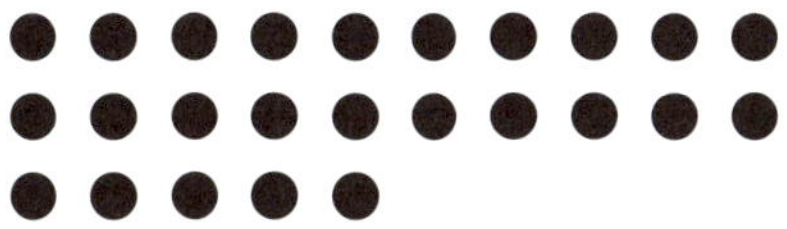

십	낱개

2)

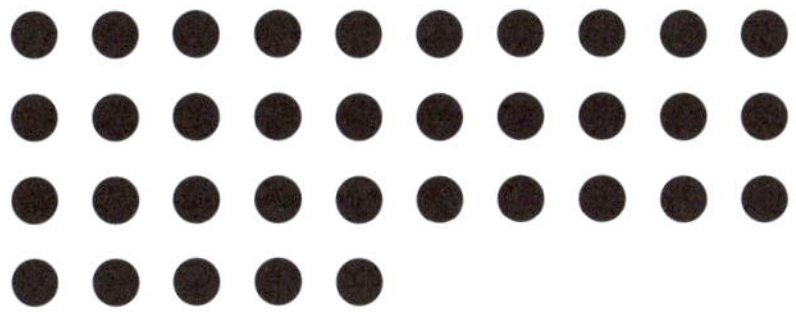

십	낱개

3)

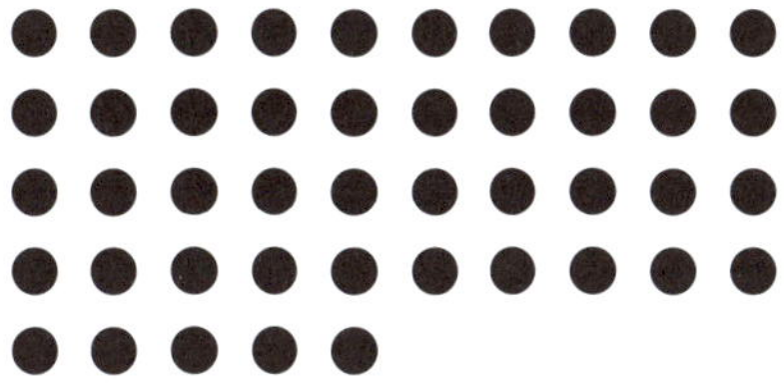

십	낱개

4)

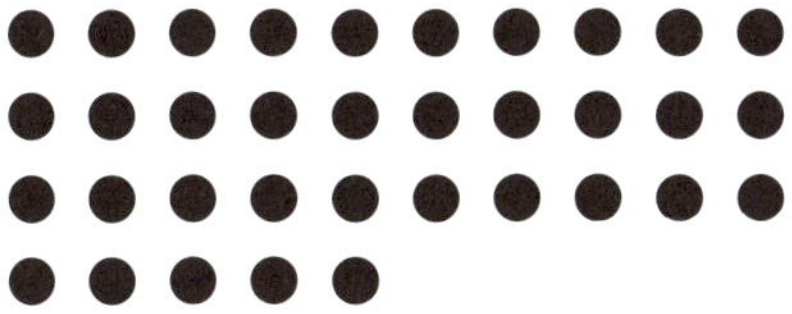

십	낱개

5)

십	낱개

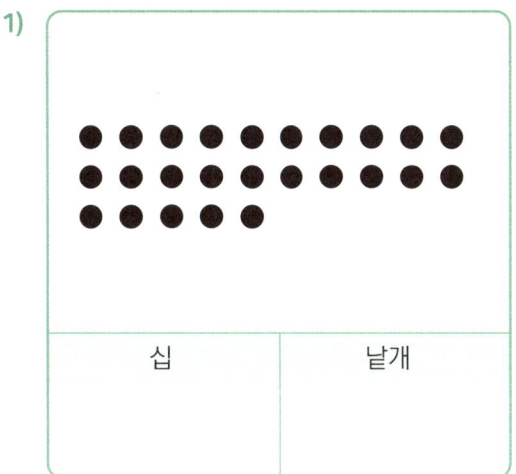

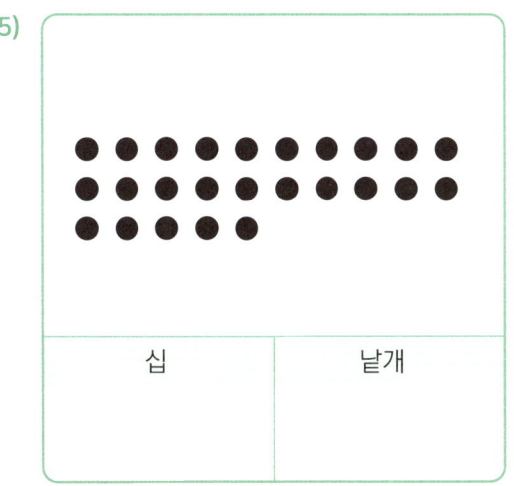

3 다음 계산을 해 보세요.

1) 2 + 8 = ☐

2) 1 + 3 = ☐

3) 4 + 1 = ☐

4) 1 + 7 = ☐

5) 4 + 6 = ☐

6) 3 + 2 = ☐

7) 1 + 6 = ☐

8) 7 + 1 = ☐

9) 6 + 2 = ☐

10) 8 + 1 = ☐

11) 2 + 7 = ☐

12) 5 + 4 = ☐

13) 5 + 5 = ☐

14) 4 + 3 = ☐

15) 2 + 5 = ☐

4 다음 계산을 해 보세요.

1) 5 − 1 = ☐

2) 8 − 2 = ☐

3) 3 − 1 = ☐

4) 7 − 2 = ☐

5) 9 − 1 = ☐

6) 3 − 2 = ☐

7) 5 − 3 = ☐

8) 7 − 1 = ☐

9) 7 − 3 = ☐

10) 10 − 4 = ☐

11) 7 − 5 = ☐

12) 6 − 4 = ☐

13) 10 − 6 = ☐

14) 6 − 5 = ☐

15) 7 − 6 = ☐

10씩 묶어 세기 (4)

월 일

1 보기처럼 빈칸에 알맞은 수를 써 보세요.

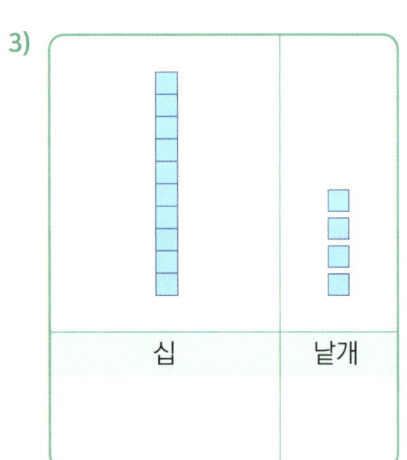

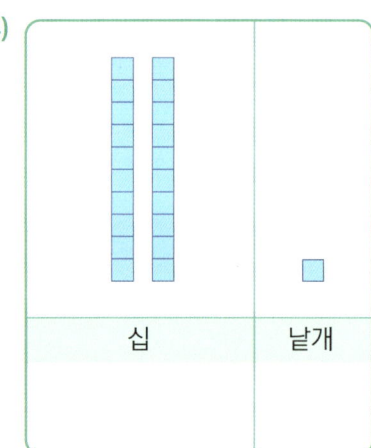

보기

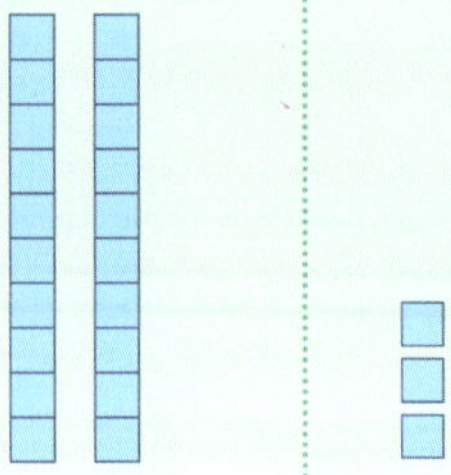

십	낱개
2	3

1)

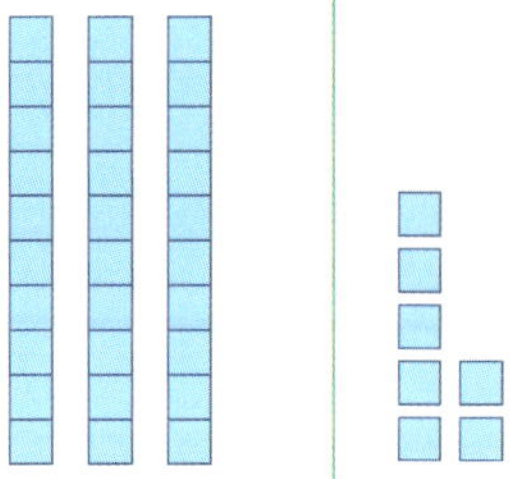

십	낱개

2)

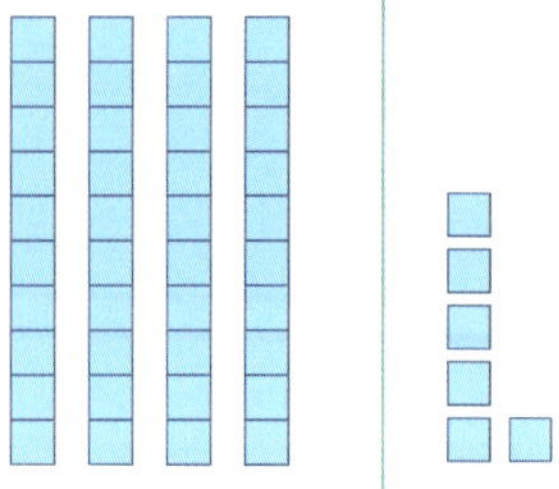

십	낱개

3)

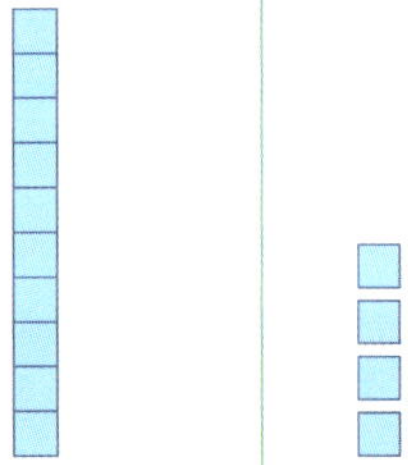

십	낱개

4)

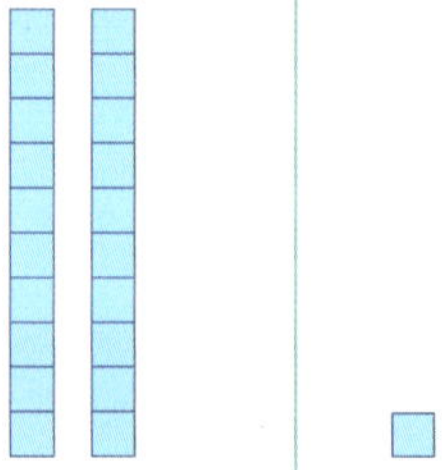

십	낱개

5)

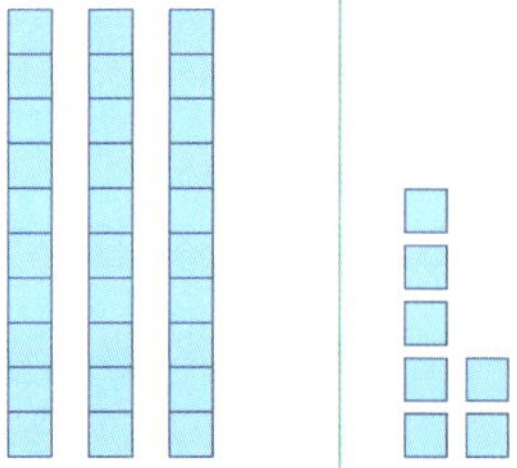

십	낱개

6)

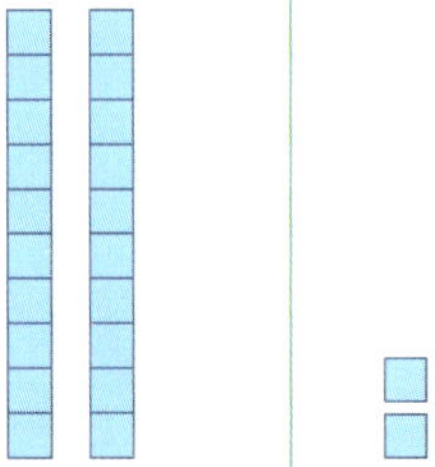

십	낱개

7)

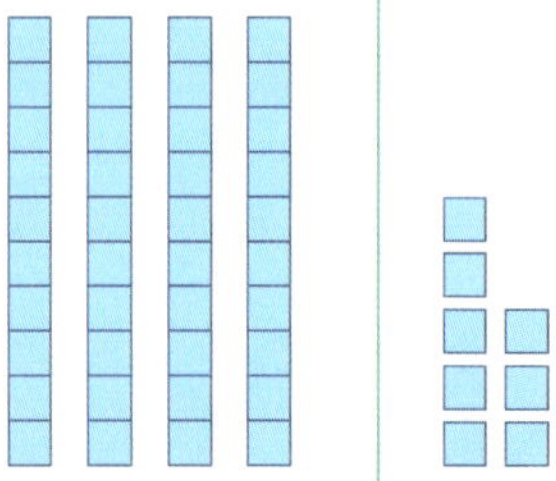

십	낱개

8)

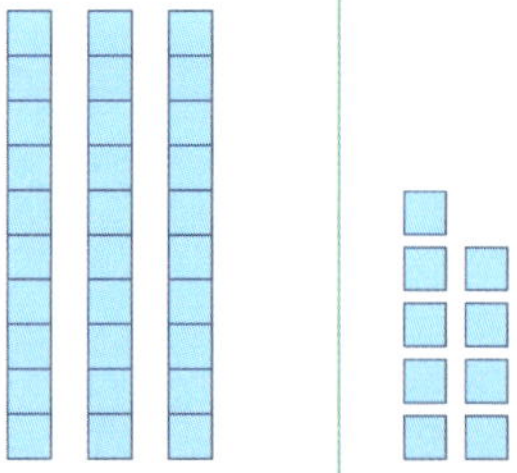

십	낱개

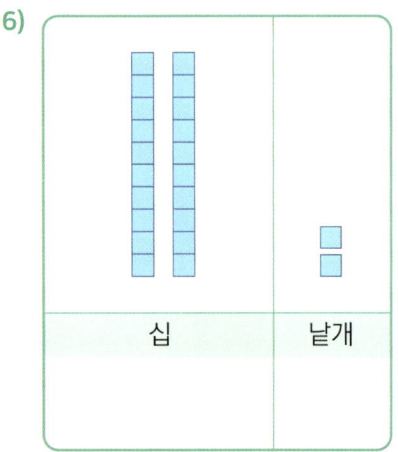

2 보기처럼 10씩 묶고 점의 수를 빈칸에 써 보세요.

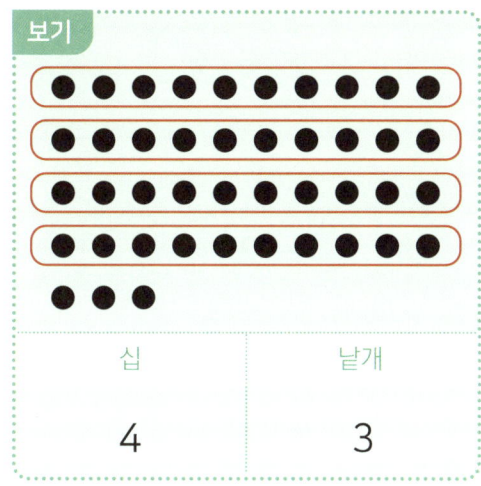

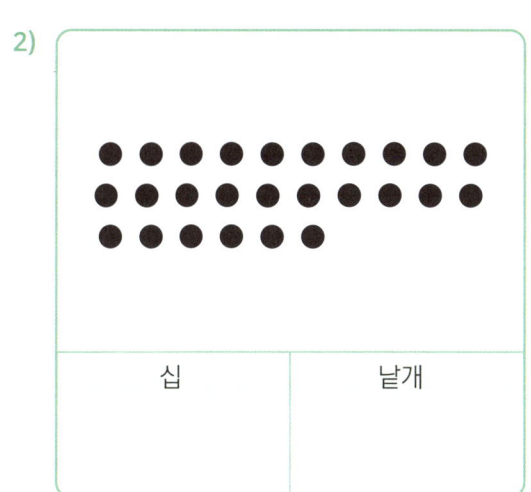

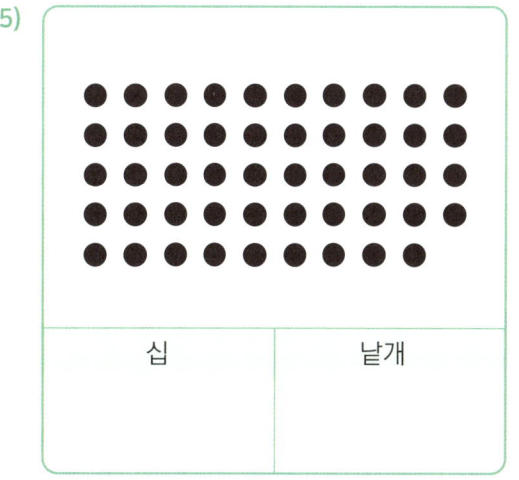

보기

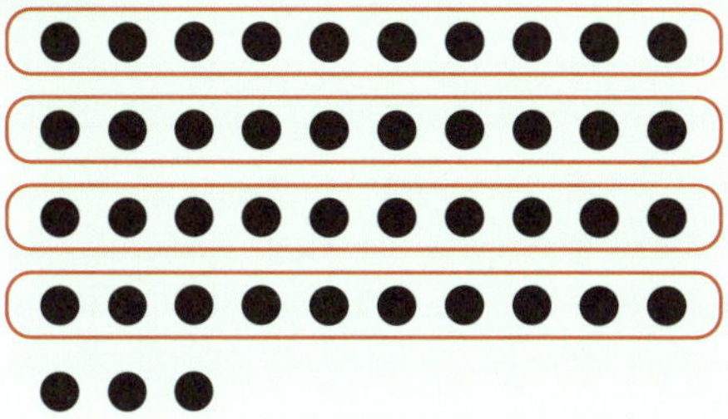

십	낱개
4	3

1)

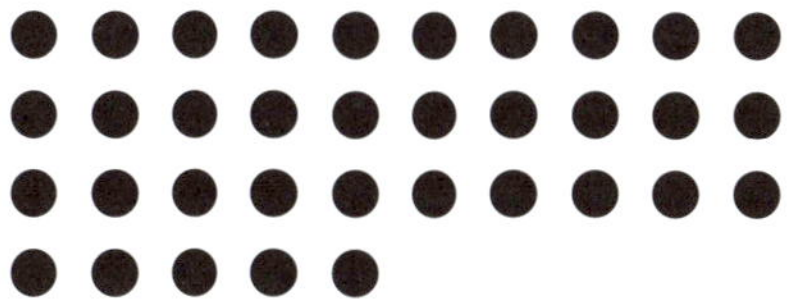

십	낱개

2)

십	낱개

3)

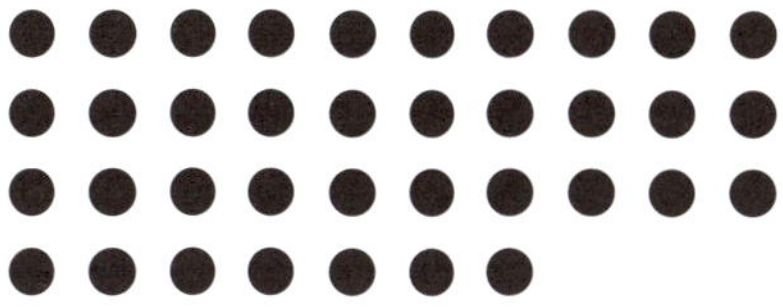

십	낱개

4)

십	낱개

5)

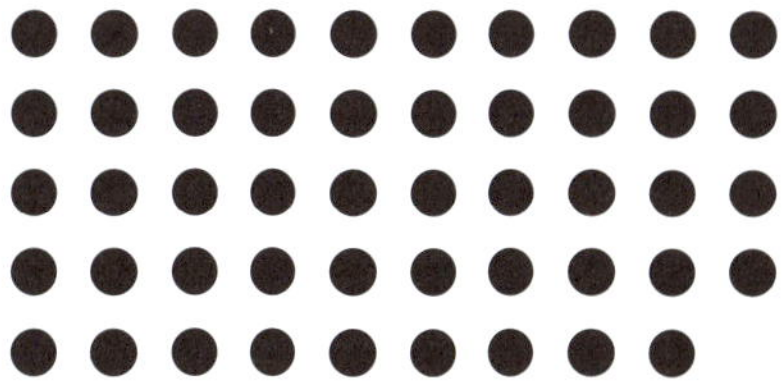

십	낱개

3 다음 계산을 해 보세요.

1) $2 + 2 = \square$

2) $1 + 3 = \square$

3) $3 + 3 = \square$

4) $4 + 6 = \square$

5) $1 + 7 = \square$

6) $7 + 1 = \square$

7) $4 + 2 = \square$

8) $8 + 2 = \square$

9) $1 + 6 = \square$

10) $5 + 2 = \square$

11) $2 + 4 = \square$

12) $7 + 3 = \square$

13) $3 + 7 = \square$

14) $2 + 5 = \square$

15) $4 + 5 = \square$

4 다음 계산을 해 보세요.

1) 8 - 1 = ☐

2) 5 - 2 = ☐

3) 2 - 1 = ☐

4) 10 - 2 = ☐

5) 3 - 1 = ☐

6) 7 - 2 = ☐

7) 5 - 1 = ☐

8) 4 - 1 = ☐

9) 10 - 3 = ☐

10) 6 - 1 = ☐

11) 7 - 3 = ☐

12) 10 - 4 = ☐

13) 7 - 5 = ☐

14) 9 - 4 = ☐

15) 10 - 8 = ☐

배움 35

10씩 묶어 세기 (5)

월 일

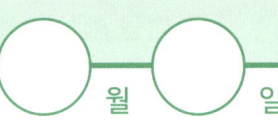

1 보기처럼 빈칸에 알맞은 수를 써 보세요.

보기

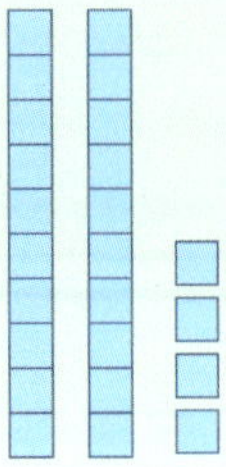

24

1)

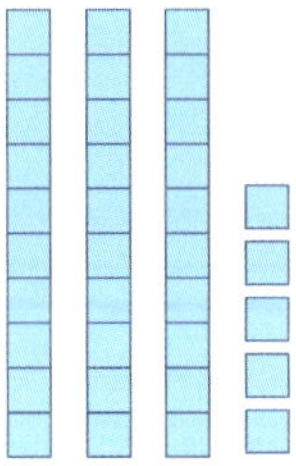

2)

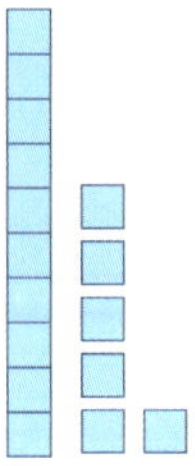

3)

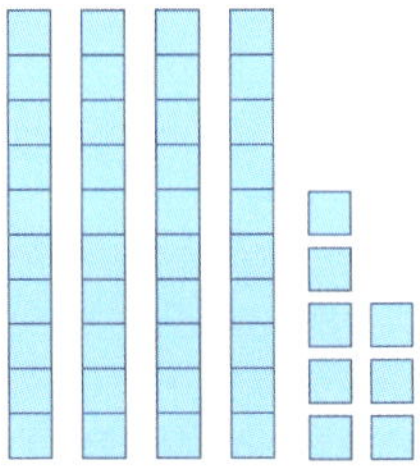

4)

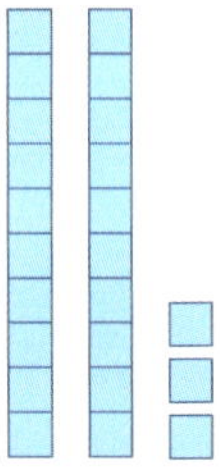

5)

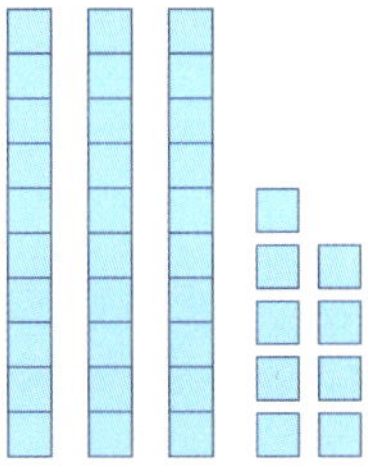

6)

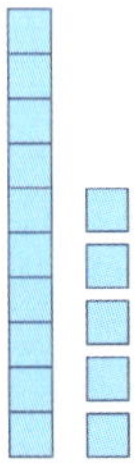

7)

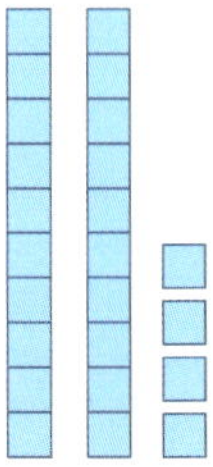

8)

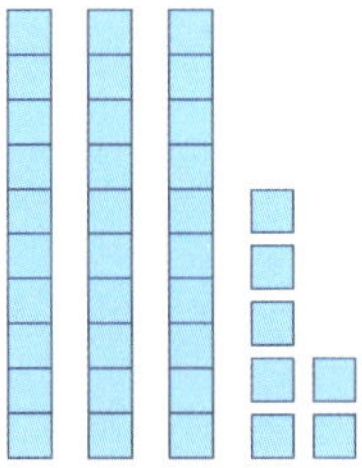

2 빈칸에 알맞은 수를 써 보세요.

	10 큰 수
4	14
6	
13	
25	
37	
24	
18	
28	
24	
35	
15	
28	
31	

	10 작은 수
49	39
36	
24	
16	
19	
38	
41	
45	
38	
26	
17	
29	
15	

3 다음 계산을 해 보세요.

1) 5 + 1 = □

2) 3 + 2 = □

3) 6 + 4 = □

4) 3 + 7 = □

5) 6 + 2 = □

6) 1 + 5 = □

7) 6 + 1 = □

8) 4 + 4 = □

9) 1 + 8 = □

10) 7 + 2 = □

11) 6 + 3 = □

12) 2 + 8 = □

13) 5 + 3 = □

14) 5 + 4 = □

15) 5 + 5 = □

4 다음 계산을 해 보세요.

1) 6 − 2 = ☐

2) 3 − 2 = ☐

3) 7 − 1 = ☐

4) 10 − 1 = ☐

5) 10 − 2 = ☐

6) 6 − 3 = ☐

7) 8 − 4 = ☐

8) 4 − 3 = ☐

9) 6 − 5 = ☐

10) 7 − 6 = ☐

11) 6 − 4 = ☐

12) 8 − 5 = ☐

13) 10 − 6 = ☐

14) 8 − 6 = ☐

15) 9 − 5 = ☐

배움 36

1 큰 수와 1 작은 수

월 일

1 보기처럼 빈칸에 알맞은 수를 써 보세요.

보기

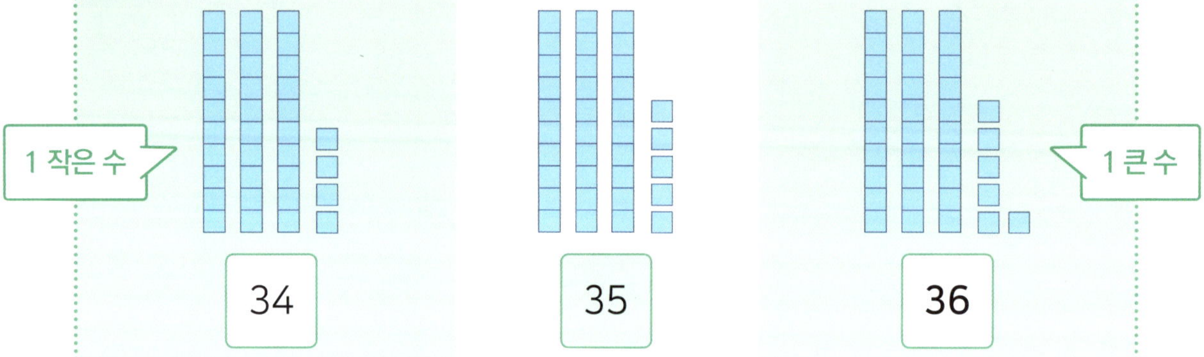

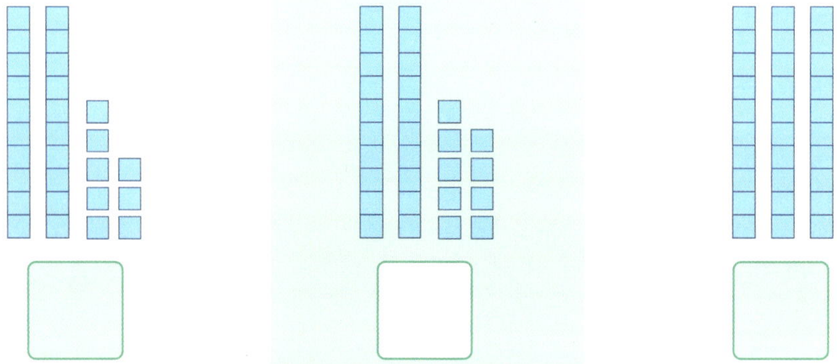

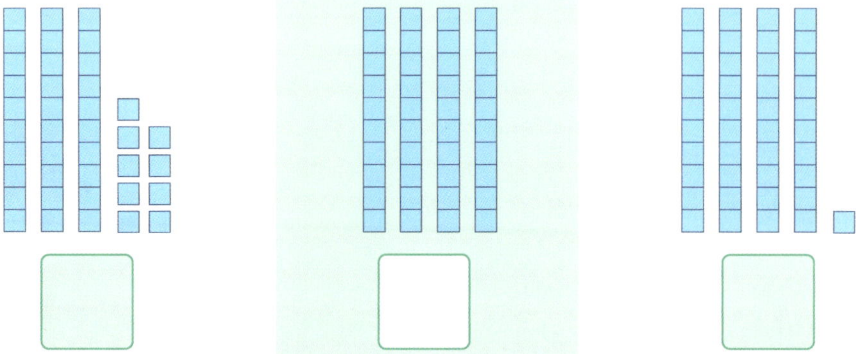

2 10씩 묶고 알맞은 수를 써 보세요.

1)

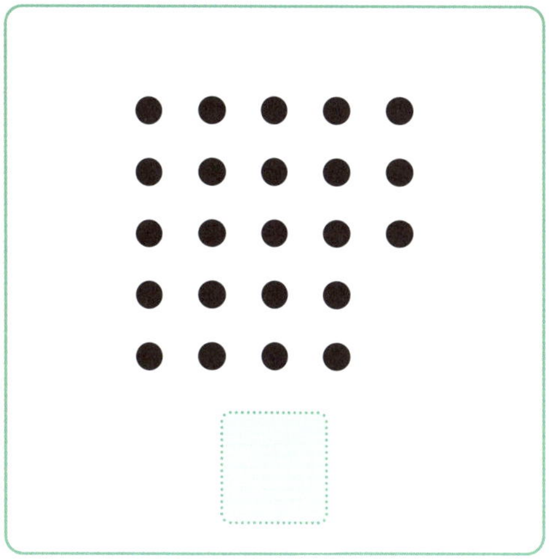

2)

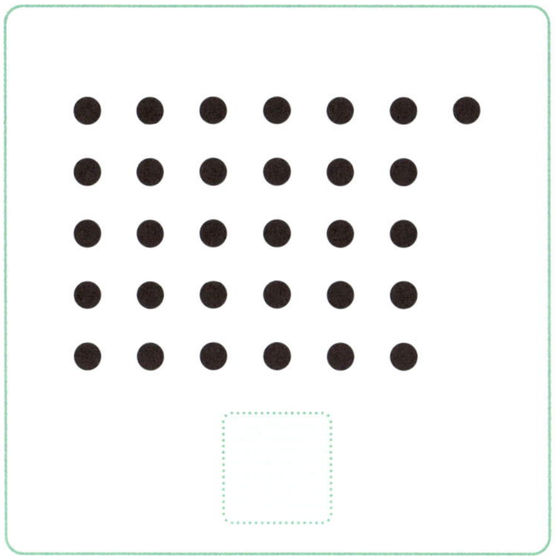

3)

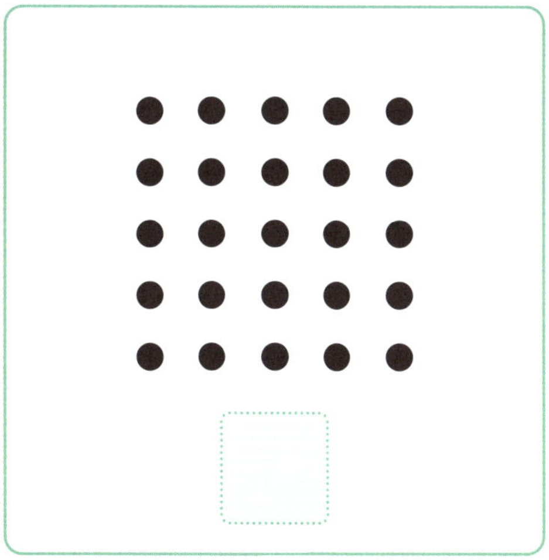

4)

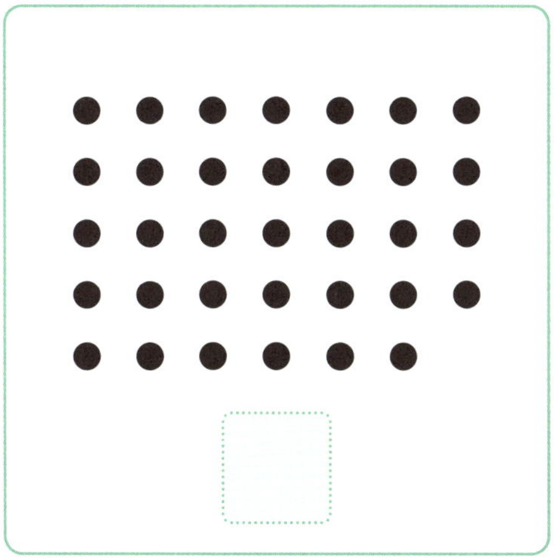

5)

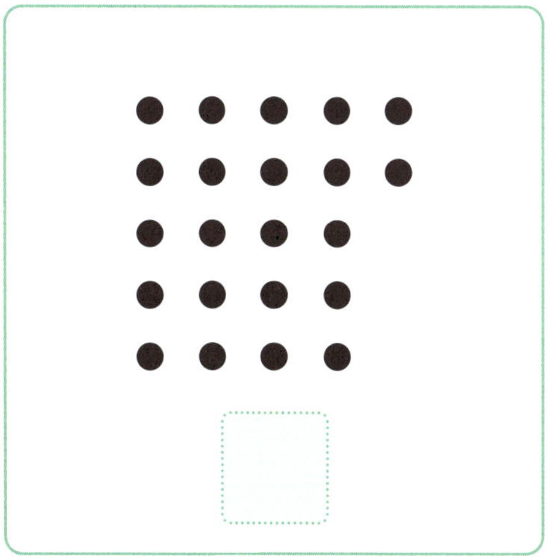

3 다음 계산을 해 보세요.

1) $4 + 1 = \square$

2) $1 + 3 = \square$

3) $2 + 2 = \square$

4) $1 + 4 = \square$

5) $5 + 2 = \square$

6) $7 + 2 = \square$

7) $4 + 4 = \square$

8) $7 + 1 = \square$

9) $1 + 6 = \square$

10) $6 + 2 = \square$

11) $2 + 4 = \square$

12) $4 + 3 = \square$

13) $6 + 3 = \square$

14) $4 + 5 = \square$

15) $2 + 5 = \square$

4 다음 계산을 해 보세요.

1) 7 - 1 = ☐

2) 5 - 2 = ☐

3) 6 - 1 = ☐

4) 2 - 1 = ☐

5) 8 - 1 = ☐

6) 6 - 5 = ☐

7) 7 - 6 = ☐

8) 6 - 3 = ☐

9) 8 - 4 = ☐

10) 8 - 6 = ☐

11) 8 - 5 = ☐

12) 9 - 8 = ☐

13) 9 - 5 = ☐

14) 7 - 5 = ☐

15) 9 - 6 = ☐

배움 37

수의 순서 (1)

월 일

1 빈칸에 알맞은 수를 써 보세요.

보기

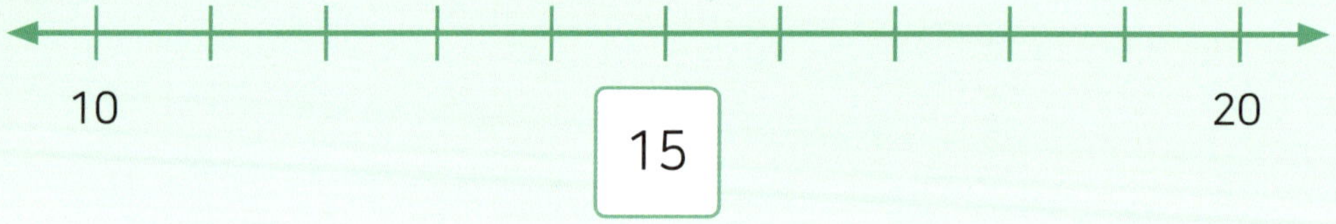

1)

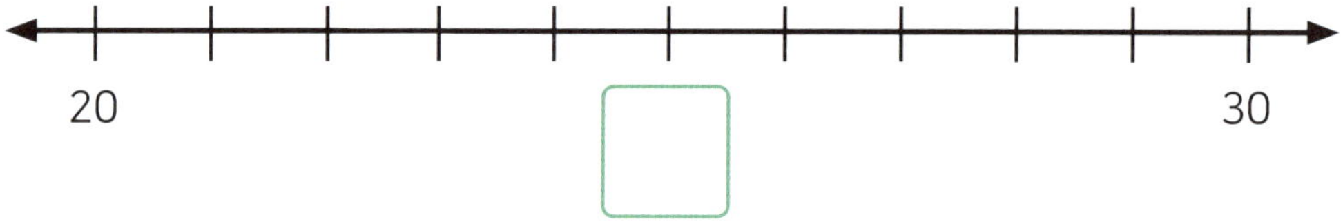

2)

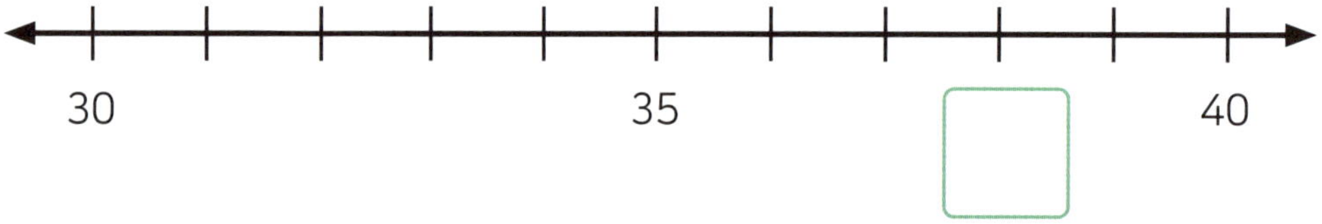

3)

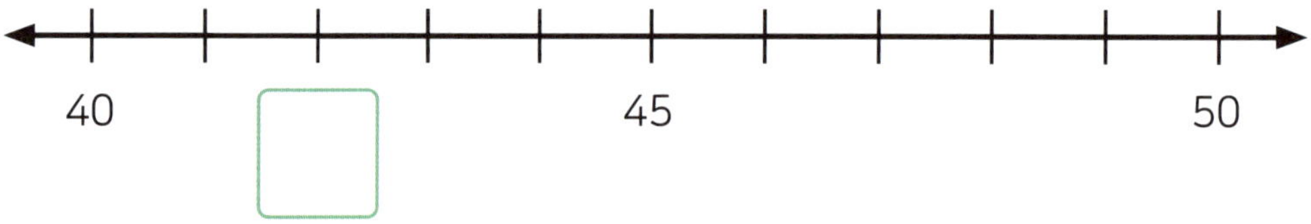

4)

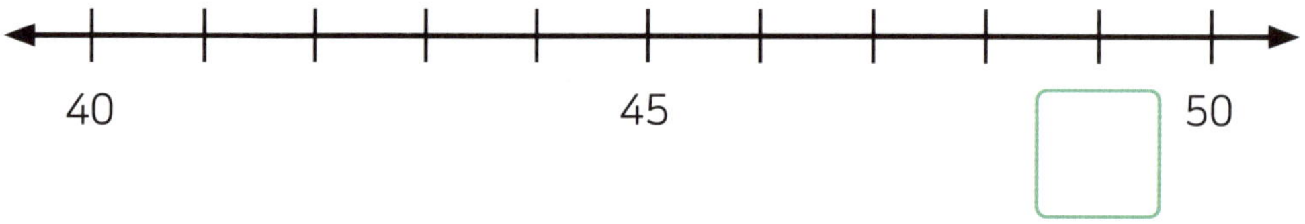

2 빈칸에 알맞은 수를 써 보세요.

24 — ( ) — 26　　36 — ( ) — 38

39 — ( ) — 41　　48 — ( ) — 50

27 — 28 — ( )　　38 — 39 — ( )

3 두 수 중 40과 더 가까운 수에 ○표해 보세요.

1) | 42 | 37 |

2) | 35 | 43 |

3) | 38 | 44 |

4 작은 수부터 큰 수의 순서대로 써 보세요.

1) 20　10　30　40

2) 30　50　20　40

5 다음 계산을 해 보세요.

1) $3 + 2 = \square$

2) $4 + 1 = \square$

3) $1 + 5 = \square$

4) $2 + 2 = \square$

5) $3 + 1 = \square$

6) $7 + 1 = \square$

7) $6 + 2 = \square$

8) $1 + 7 = \square$

9) $6 + 1 = \square$

10) $5 + 2 = \square$

11) $4 + 3 = \square$

12) $2 + 7 = \square$

13) $5 + 3 = \square$

14) $4 + 5 = \square$

15) $2 + 3 = \square$

6 다음 계산을 해 보세요.

1) 3 - 1 = ☐

2) 5 - 2 = ☐

3) 8 - 2 = ☐

4) 7 - 2 = ☐

5) 9 - 1 = ☐

6) 6 - 2 = ☐

7) 6 - 3 = ☐

8) 9 - 1 = ☐

9) 5 - 3 = ☐

10) 4 - 3 = ☐

11) 7 - 3 = ☐

12) 5 - 4 = ☐

13) 6 - 3 = ☐

14) 8 - 4 = ☐

15) 6 - 5 = ☐

수의 순서 (2)

월 일

1 빈칸에 알맞은 수를 써 보세요.

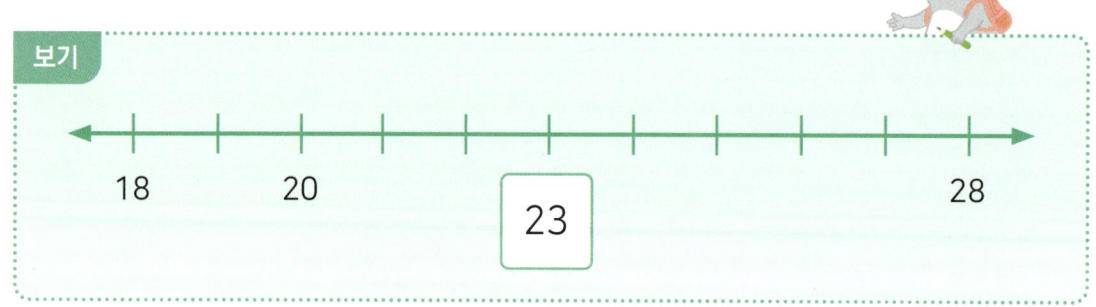

보기

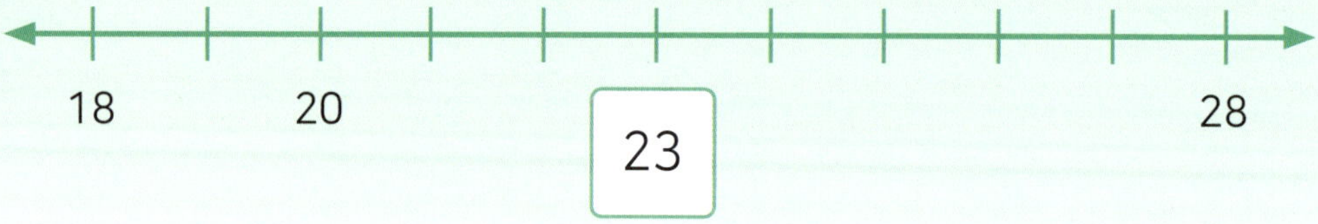

1)

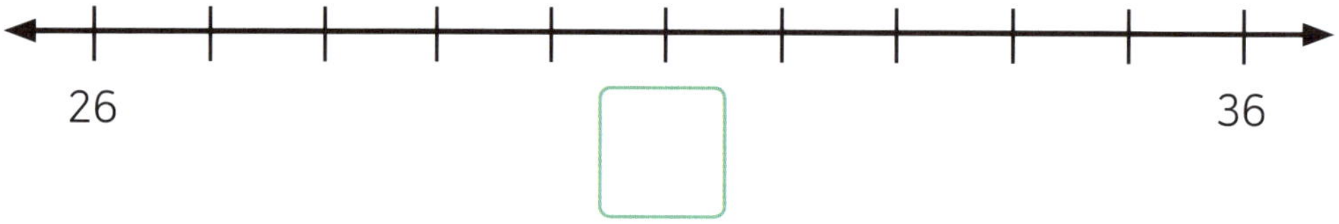

2)

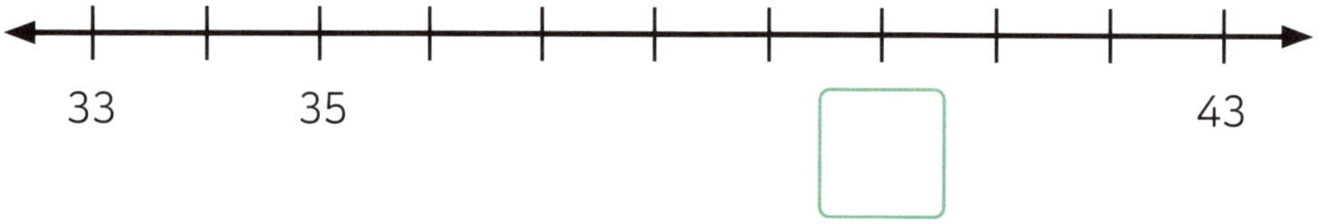

3)

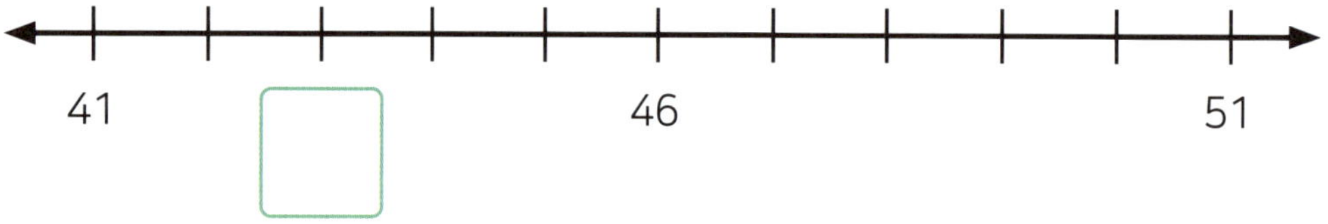

4)

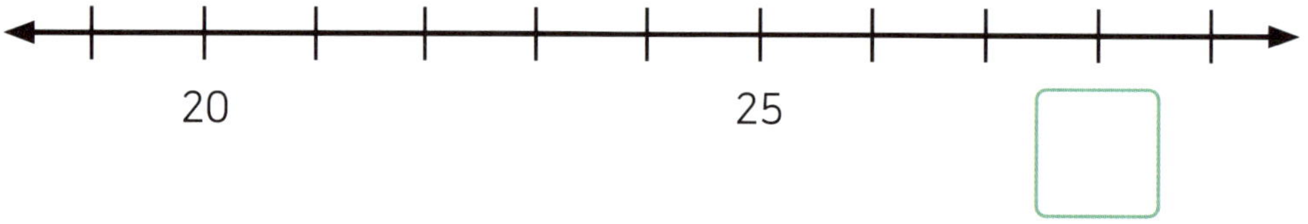

2 빈칸에 알맞은 수를 써 보세요.

31 — ( ) — 33　　　23 — ( ) — 25

44 — ( ) — 46　　　36 — ( ) — 38

16 — 17 — ( )　　　29 — 30 — ( )

3 두 수 중 31과 더 가까운 수에 ○표해 보세요.

1)

28	33

2)

26	35

3)

30	33

4 작은 수부터 큰 수의 순서대로 써 보세요.

1) 24　13　28　31

2) 25　37　42　10

5 다음 계산을 해 보세요.

1) $5 + 1 = \square$

2) $3 + 2 = \square$

3) $6 + 4 = \square$

4) $3 + 7 = \square$

5) $6 + 2 = \square$

6) $1 + 5 = \square$

7) $6 + 1 = \square$

8) $4 + 4 = \square$

9) $1 + 3 = \square$

10) $7 + 2 = \square$

11) $6 + 3 = \square$

12) $2 + 8 = \square$

13) $5 + 3 = \square$

14) $5 + 4 = \square$

15) $5 + 5 = \square$

6 다음 계산을 해 보세요.

1) 6 − 2 = ☐

2) 3 − 2 = ☐

3) 7 − 1 = ☐

4) 10 − 1 = ☐

5) 9 − 2 = ☐

6) 6 − 3 = ☐

7) 8 − 4 = ☐

8) 4 − 3 = ☐

9) 6 − 5 = ☐

10) 7 − 6 = ☐

11) 6 − 4 = ☐

12) 8 − 5 = ☐

13) 10 − 6 = ☐

14) 8 − 6 = ☐

15) 9 − 5 = ☐

배움 39

수의 크기 비교 (1)

월 일

1 보기처럼 빈칸에 알맞은 수를 쓰고 가장 큰 수에 ○표해 보세요.

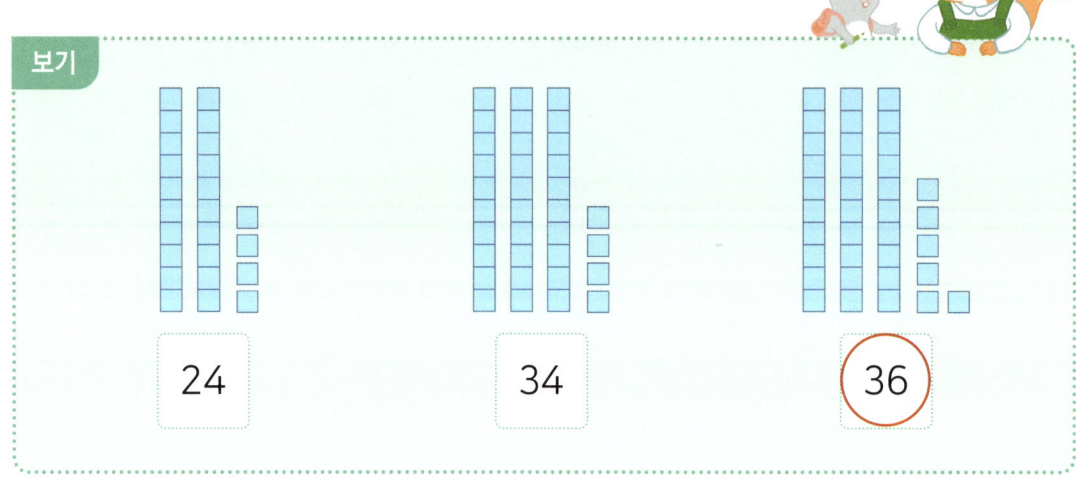

보기

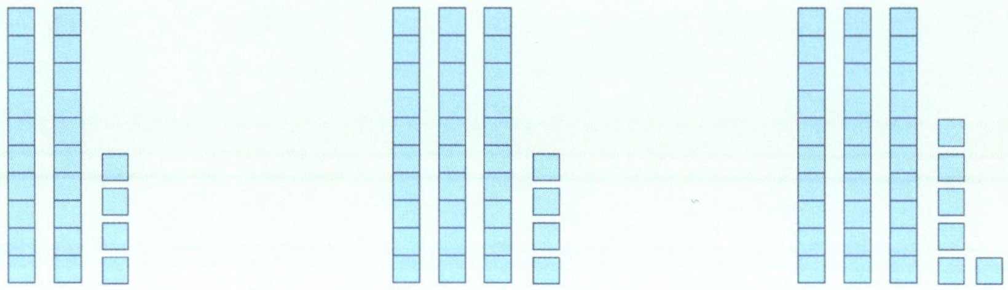

24 34 36

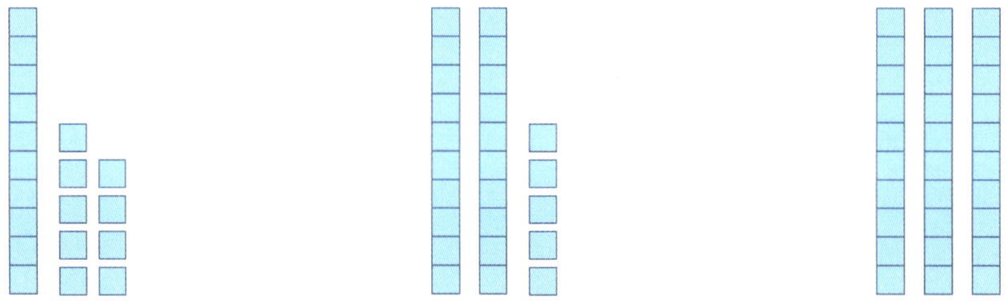

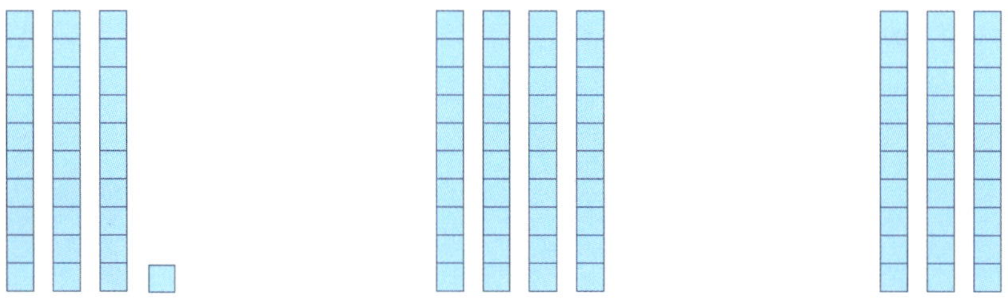

2 빈칸에 알맞은 수를 쓰고 가장 큰 수에 ○표 해 보세요.

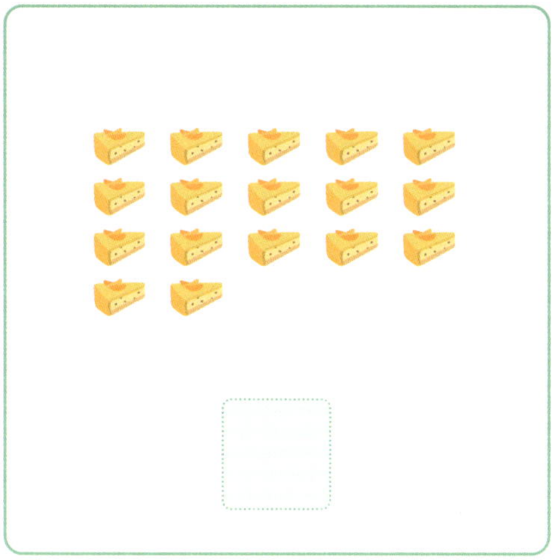

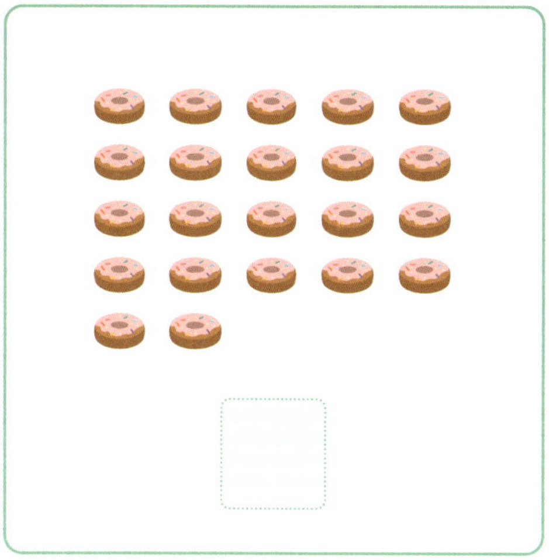

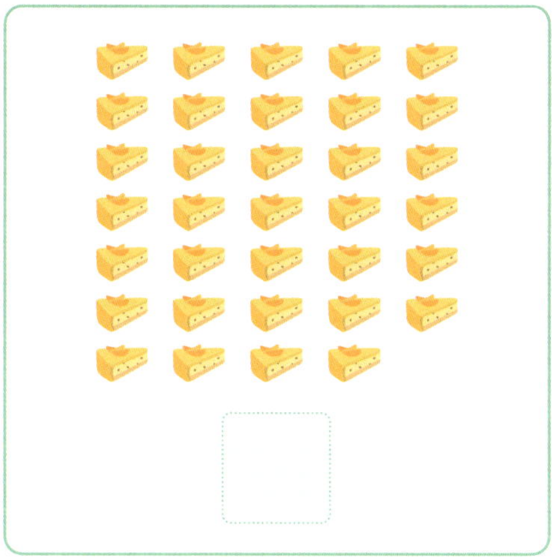

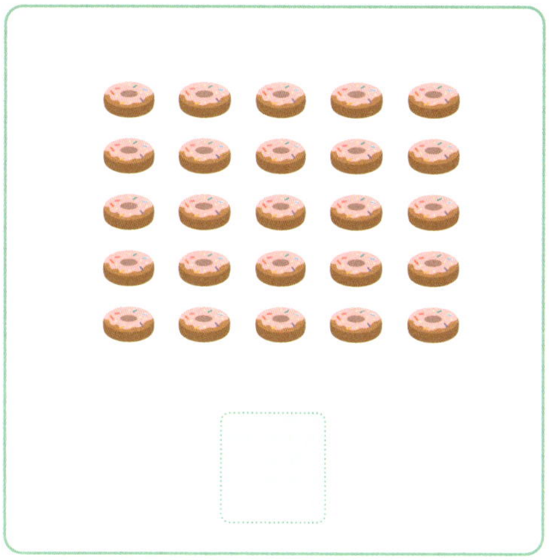

3 가장 큰 수에 ○표 해 보세요.

31	23	13

29	14	38

21	16	24

41	24	44

23	21	24

47	42	27

4 다음 계산을 해 보세요.

1) $3 + 2 = \square$

2) $4 + 1 = \square$

3) $1 + 3 = \square$

4) $2 + 2 = \square$

5) $1 + 4 = \square$

6) $3 + 3 = \square$

7) $7 + 2 = \square$

8) $4 + 4 = \square$

9) $7 + 1 = \square$

10) $1 + 6 = \square$

11) $5 + 4 = \square$

12) $2 + 4 = \square$

13) $4 + 3 = \square$

14) $6 + 3 = \square$

15) $4 + 5 = \square$

5 다음 계산을 해 보세요.

1) 8 - 1 = ☐

2) 4 - 3 = ☐

3) 6 - 1 = ☐

4) 3 - 2 = ☐

5) 5 - 3 = ☐

6) 6 - 2 = ☐

7) 5 - 1 = ☐

8) 8 - 2 = ☐

9) 3 - 1 = ☐

10) 7 - 2 = ☐

11) 7 - 5 = ☐

12) 6 - 4 = ☐

13) 9 - 6 = ☐

14) 6 - 5 = ☐

15) 7 - 6 = ☐

배움 40

수의 크기 비교 (2)

월 일

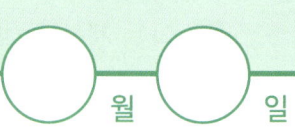

1 보기처럼 빈칸에 알맞은 수를 쓰고 가장 큰 수에 ○표 해 보세요.

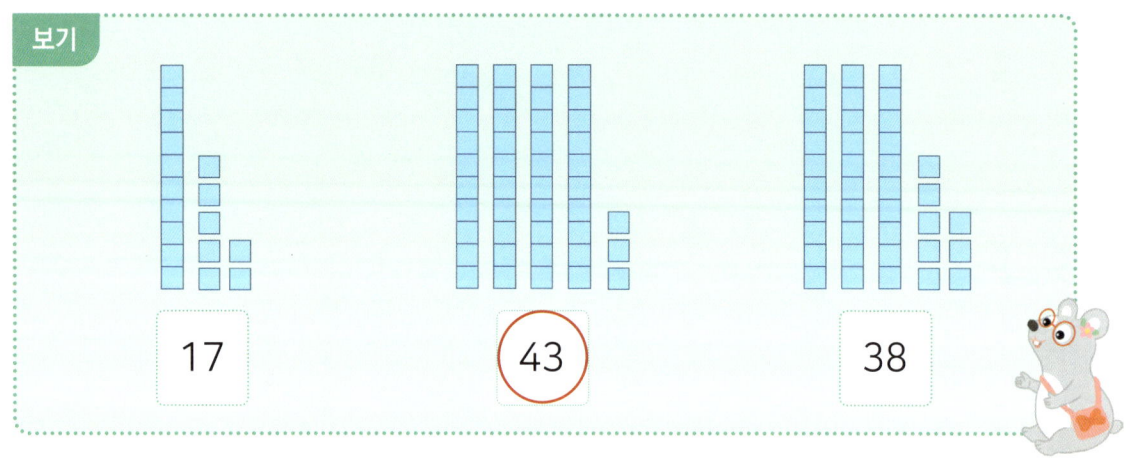

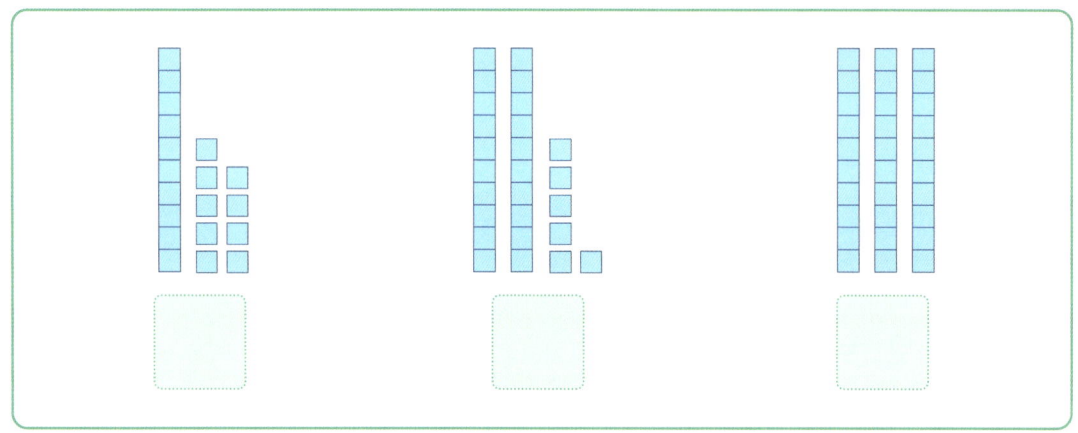

보기

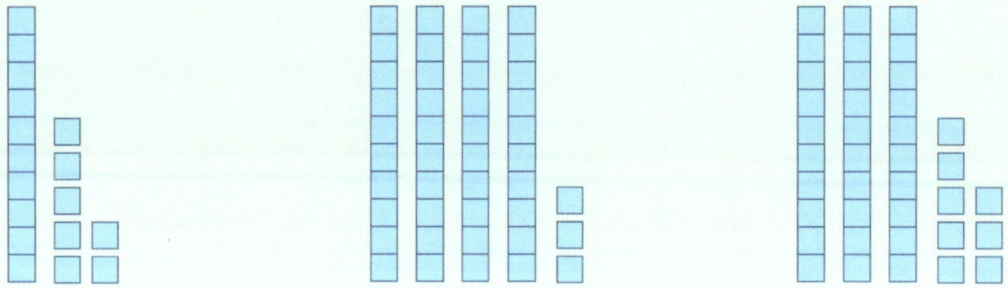

17 | 43 | 38

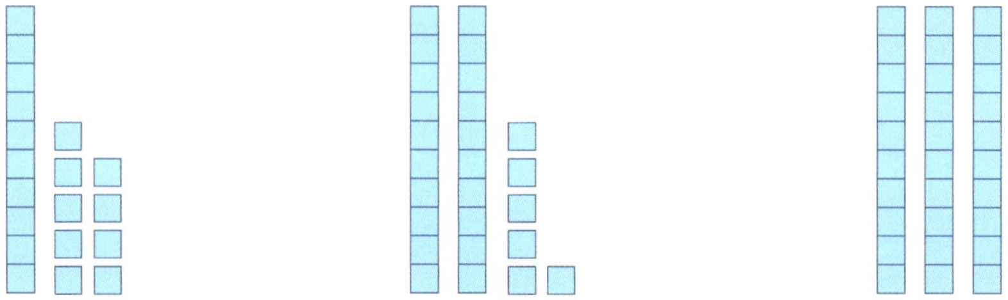

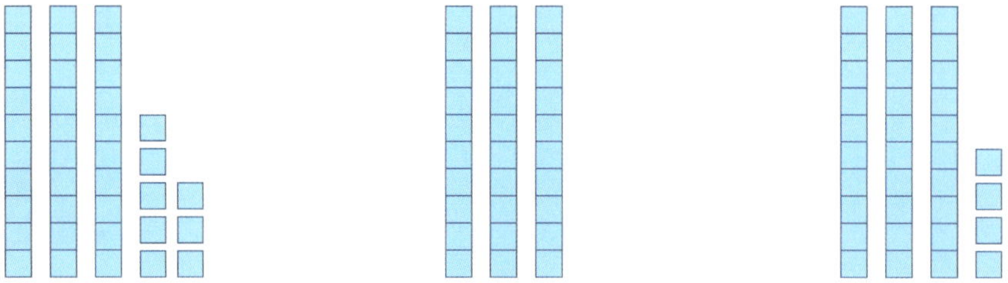

2 빈칸에 알맞은 수를 쓰고 가장 큰 수에 ○표 해 보세요.

3 가장 큰 수에 ○표 해 보세요.

26　19　41

50　24　31

47　26　34

19　41　40

16　39　29

23　36　18

4 다음 계산을 해 보세요.

1) $2 + 7 = \square$

2) $5 + 5 = \square$

3) $5 + 4 = \square$

4) $2 + 4 = \square$

5) $4 + 3 = \square$

6) $6 + 1 = \square$

7) $1 + 7 = \square$

8) $8 + 1 = \square$

9) $3 + 7 = \square$

10) $7 + 2 = \square$

11) $4 + 1 = \square$

12) $1 + 3 = \square$

13) $2 + 2 = \square$

14) $6 + 4 = \square$

15) $5 + 2 = \square$

5 다음 계산을 해 보세요.

1) $3 - 1 = \square$

2) $7 - 2 = \square$

3) $9 - 3 = \square$

4) $5 - 2 = \square$

5) $4 - 1 = \square$

6) $8 - 7 = \square$

7) $7 - 6 = \square$

8) $8 - 7 = \square$

9) $9 - 8 = \square$

10) $9 - 4 = \square$

11) $9 - 6 = \square$

12) $6 - 5 = \square$

13) $7 - 6 = \square$

14) $8 - 5 = \square$

15) $9 - 5 = \square$

정확도 및 유창성 연습

계산의 고수 (1)

계산의 고수 (2)

계산의 고수 (3)

덧셈 올림픽 (1)

덧셈 올림픽 (2)

뺄셈 올림픽 (1)

뺄셈 올림픽 (2)

1분 덧셈 뺄셈 사전-사후 검사

덧셈 사전 검사

덧셈 사후 검사

뺄셈 사전 검사

뺄셈 사후 검사

계산의 고수 (1)

월 일

◆ 반드시 위에서 아래로 풀이하세요. 이렇게 꾸준히 하면 실력이 쑥쑥 올라요.

금메달	은메달	동메달	맞은 개수
39~40개	36~38개	34~35개	개

① 5 + 2 =
② 6 + 2 =
③ 1 + 2 =
④ 7 + 2 =
⑤ 4 + 2 =
⑥ 2 + 2 =
⑦ 5 + 2 =
⑧ 8 + 2 =
⑨ 3 + 2 =
⑩ 6 + 2 =

⑪ 3 + 4 =
⑫ 2 + 4 =
⑬ 5 + 4 =
⑭ 1 + 4 =
⑮ 6 + 4 =
⑯ 4 + 4 =
⑰ 3 + 4 =
⑱ 5 + 4 =
⑲ 2 + 4 =
⑳ 6 + 4 =

㉑ 3 + 3 =
㉒ 4 + 3 =
㉓ 5 + 3 =
㉔ 2 + 3 =
㉕ 5 + 3 =
㉖ 1 + 3 =
㉗ 6 + 3 =
㉘ 5 + 3 =
㉙ 6 + 3 =
㉚ 7 + 3 =

㉛ 4 + 3 =
㉜ 3 + 5 =
㉝ 2 + 2 =
㉞ 1 + 5 =
㉟ 2 + 6 =
㊱ 5 + 3 =
㊲ 6 + 1 =
㊳ 4 + 2 =
㊴ 3 + 4 =
㊵ 2 + 6 =

계산의 고수 (2)

월 일

◆ 반드시 위에서 아래로 풀이하세요. 이렇게 꾸준히 하면 실력이 쑥쑥 올라요.

금메달	은메달	동메달
39~40개	36~38개	34~35개

맞은 개수
개

① 10 − 3 =
② 10 − 6 =
③ 10 − 7 =
④ 10 − 4 =
⑤ 10 − 2 =
⑥ 10 − 4 =
⑦ 10 − 5 =
⑧ 10 − 8 =
⑨ 10 − 1 =
⑩ 10 − 9 =

⑪ 8 − 4 =
⑫ 8 − 6 =
⑬ 8 − 3 =
⑭ 8 − 7 =
⑮ 8 − 1 =
⑯ 8 − 5 =
⑰ 8 − 6 =
⑱ 8 − 2 =
⑲ 8 − 4 =
⑳ 8 − 3 =

㉑ 9 − 5 =
㉒ 9 − 4 =
㉓ 9 − 1 =
㉔ 9 − 6 =
㉕ 9 − 2 =
㉖ 9 − 7 =
㉗ 9 − 8 =
㉘ 9 − 3 =
㉙ 9 − 6 =
㉚ 9 − 7 =

㉛ 7 − 2 =
㉜ 4 − 1 =
㉝ 9 − 7 =
㉞ 4 − 2 =
㉟ 6 − 3 =
㊱ 8 − 6 =
㊲ 3 − 2 =
㊳ 2 − 1 =
㊴ 6 − 4 =
㊵ 10 − 4 =

계산의 고수 (3)

월 일

♦ 반드시 위에서 아래로 풀이하세요. 이렇게 꾸준히 하면 실력이 쑥쑥 올라요.

금메달	은메달	동메달	맞은 개수
39~40개	36~38개	34~35개	개

① 7 - 4 =
② 7 - 1 =
③ 7 - 2 =
④ 7 - 3 =
⑤ 7 - 4 =
⑥ 7 - 2 =
⑦ 7 - 3 =
⑧ 7 - 5 =
⑨ 7 - 6 =
⑩ 7 - 7 =

㉑ 6 - 3 =
㉒ 6 - 2 =
㉓ 6 - 6 =
㉔ 6 - 2 =
㉕ 6 - 4 =
㉖ 6 - 1 =
㉗ 6 - 3 =
㉘ 6 - 5 =
㉙ 6 - 4 =
㉚ 6 - 5 =

⑪ 7 - 2 =
⑫ 4 - 1 =
⑬ 9 - 7 =
⑭ 4 - 2 =
⑮ 6 - 3 =
⑯ 8 - 6 =
⑰ 3 - 2 =
⑱ 2 - 1 =
⑲ 6 - 4 =
⑳ 10 - 4 =

㉛ 4 - 3 =
㉜ 9 - 8 =
㉝ 6 - 5 =
㉞ 7 - 2 =
㉟ 5 - 2 =
㊱ 4 - 1 =
㊲ 9 - 2 =
㊳ 6 - 1 =
㊴ 10 - 3 =
㊵ 7 - 5 =

1분

덧셈 올림픽 (1)

월 일

◆ 시간 제한이 있습니다. 1분 동안 풀이한 정답 수를 맞은 개수에 써 보세요.

금메달	은메달	동메달
39~40개	36~38개	34~35개

맞은 개수
개

① 3 + 1 =
② 1 + 8 =
③ 2 + 7 =
④ 2 + 6 =
⑤ 3 + 6 =
⑥ 2 + 5 =
⑦ 4 + 4 =
⑧ 2 + 5 =
⑨ 3 + 3 =
⑩ 6 + 2 =

⑪ 6 + 2 =
⑫ 3 + 4 =
⑬ 5 + 4 =
⑭ 3 + 2 =
⑮ 2 + 3 =
⑯ 6 + 2 =
⑰ 4 + 3 =
⑱ 4 + 1 =
⑲ 2 + 2 =
⑳ 2 + 4 =

㉑ 5 + 3 =
㉒ 4 + 2 =
㉓ 6 + 3 =
㉔ 1 + 5 =
㉕ 4 + 4 =
㉖ 8 + 1 =
㉗ 3 + 4 =
㉘ 8 + 1 =
㉙ 2 + 6 =
㉚ 7 + 2 =

㉛ 3 + 6 =
㉜ 1 + 5 =
㉝ 2 + 6 =
㉞ 1 + 7 =
㉟ 1 + 6 =
㊱ 4 + 5 =
㊲ 2 + 3 =
㊳ 1 + 1 =
㊴ 1 + 5 =
㊵ 8 + 1 =

1분

덧셈 올림픽 (2)

월 일

◆ 시간 제한이 있습니다. 1분 동안 풀이한 정답 수를 맞은 개수에 써 보세요.

금메달	은메달	동메달	맞은 개수
39~40개	36~38개	34~35개	개

① 3 + 5 =
② 2 + 7 =
③ 4 + 1 =
④ 3 + 3 =
⑤ 5 + 4 =
⑥ 2 + 6 =
⑦ 4 + 3 =
⑧ 1 + 7 =
⑨ 5 + 2 =
⑩ 1 + 8 =

㉑ 3 + 1 =
㉒ 1 + 8 =
㉓ 2 + 7 =
㉔ 2 + 6 =
㉕ 3 + 6 =
㉖ 2 + 5 =
㉗ 4 + 4 =
㉘ 2 + 5 =
㉙ 3 + 3 =
㉚ 6 + 2 =

⑪ 1 + 1 =
⑫ 5 + 3 =
⑬ 4 + 3 =
⑭ 6 + 2 =
⑮ 8 + 1 =
⑯ 3 + 3 =
⑰ 7 + 2 =
⑱ 2 + 6 =
⑲ 4 + 5 =
⑳ 6 + 3 =

㉛ 5 + 3 =
㉜ 4 + 2 =
㉝ 6 + 3 =
㉞ 1 + 5 =
㉟ 4 + 4 =
㊱ 8 + 1 =
㊲ 3 + 4 =
㊳ 8 + 1 =
㊴ 2 + 6 =
㊵ 7 + 2 =

1분

뺄셈 올림픽 (1)

월 일

◆ 시간 제한이 있습니다. 1분 동안 풀이한 정답 수를 맞은 개수에 써 보세요.

금메달	은메달	동메달	맞은 개수
39~40개	36~38개	34~35개	개

① 9 − 5 =
② 8 − 4 =
③ 9 − 9 =
④ 7 − 5 =
⑤ 8 − 8 =
⑥ 10 − 3 =
⑦ 8 − 6 =
⑧ 5 − 2 =
⑨ 4 − 3 =
⑩ 9 − 2 =

⑪ 3 − 1 =
⑫ 5 − 2 =
⑬ 6 − 3 =
⑭ 6 − 5 =
⑮ 9 − 4 =
⑯ 8 − 3 =
⑰ 8 − 7 =
⑱ 5 − 3 =
⑲ 5 − 1 =
⑳ 10 − 6 =

㉑ 9 − 2 =
㉒ 6 − 3 =
㉓ 10 − 1 =
㉔ 7 − 6 =
㉕ 4 − 3 =
㉖ 3 − 2 =
㉗ 8 − 2 =
㉘ 3 − 1 =
㉙ 8 − 2 =
㉚ 8 − 7 =

㉛ 4 − 1 =
㉜ 9 − 6 =
㉝ 7 − 3 =
㉞ 9 − 8 =
㉟ 10 − 5 =
㊱ 7 − 5 =
㊲ 6 − 4 =
㊳ 9 − 3 =
㊴ 7 − 2 =
㊵ 4 − 2 =

1분

뺄셈 올림픽 (2)

월 일

♦ 시간 제한이 있습니다. 1분 동안 풀이한 정답 수를 맞은 개수에 써 보세요.

금메달	은메달	동메달	맞은 개수
39~40개	36~38개	34~35개	개

① 7 - 2 =
② 4 - 1 =
③ 9 - 7 =
④ 4 - 2 =
⑤ 6 - 3 =
⑥ 8 - 6 =
⑦ 3 - 2 =
⑧ 2 - 1 =
⑨ 6 - 4 =
⑩ 10 - 4 =

⑪ 4 - 3 =
⑫ 9 - 8 =
⑬ 6 - 5 =
⑭ 7 - 2 =
⑮ 5 - 2 =
⑯ 4 - 1 =
⑰ 9 - 2 =
⑱ 6 - 1 =
⑲ 10 - 3 =
⑳ 7 - 5 =

㉑ 6 - 2 =
㉒ 8 - 6 =
㉓ 7 - 4 =
㉔ 5 - 1 =
㉕ 10 - 2 =
㉖ 4 - 4 =
㉗ 7 - 3 =
㉘ 4 - 2 =
㉙ 8 - 2 =
㉚ 9 - 6 =

㉛ 6 - 4 =
㉜ 7 - 7 =
㉝ 8 - 4 =
㉞ 3 - 1 =
㉟ 3 - 2 =
㊱ 5 - 3 =
㊲ 10 - 4 =
㊳ 6 - 1 =
㊴ 5 - 2 =
㊵ 7 - 3 =

1분 덧셈 뺄셈 사전-사후 검사

✦ 교재를 공부하기 전에 먼저 사전 검사를 합니다. 그리고 교재를 모두 마무리하면 사후 검사를 합니다. 이렇게 나의 실력을 점검하고 또한 내가 얼마나 향상되었는지 확인할 수 있습니다.

검사 방법

❶ 가정에서 또는 교실에서 학급 단위로 평가를 할 수 있습니다.

❷ 시간 제한은 1분이며, 타이머를 설정하고 검사를 시작합니다.

❸ 제한 시간 1분이 종료되면 문제 풀이를 중단합니다.

❹ 채점하여 정답 개수만 점수에 적습니다.

❺ **유의!** 틀렸을 경우 지우개를 사용하지 않고, X표시를 하고 정답만 수정합니다.

예시: 4 + 5 = ~~8~~ 9

참고 기준

❶ 덧셈

1학년 1학기를 마치면, 1분 덧셈의 권장 기준은 19개 이상이며, 최소 기준은 14개 이상입니다.
1학년 2학기를 마치면, 1분 덧셈의 권장 기준은 26개 이상이며, 최소 기준은 18개 이상입니다.

❷ 뺄셈

1학년 1학기를 마치면, 1분 뺄셈의 권장 기준은 14개 이상이며, 최소 기준은 8개 이상입니다.
1학년 2학기를 마치면, 1분 뺄셈의 권장 기준은 16개 이상이며, 최소 기준은 10개 이상입니다.

1분

덧셈 사전 검사

월 일

♦ 반드시 위에서 아래로(번호 순서대로) 풀이하세요. 이렇게 꾸준히 하면 실력이 쑥쑥 올라요.

참 잘했어요	잘했어요	조금만 더 노력해요	맞은 개수
25~40개	19~24개	13~18개	개

① 8 + 1 =
② 2 + 4 =
③ 3 + 2 =
④ 4 + 1 =
⑤ 3 + 3 =
⑥ 5 + 3 =
⑦ 1 + 8 =
⑧ 7 + 2 =
⑨ 1 + 3 =
⑩ 1 + 6 =

⑪ 3 + 4 =
⑫ 5 + 3 =
⑬ 7 + 1 =
⑭ 4 + 4 =
⑮ 2 + 3 =
⑯ 3 + 5 =
⑰ 1 + 3 =
⑱ 8 + 1 =
⑲ 1 + 8 =
⑳ 5 + 4 =

㉑ 5 + 2 =
㉒ 3 + 4 =
㉓ 4 + 4 =
㉔ 1 + 4 =
㉕ 2 + 2 =
㉖ 2 + 6 =
㉗ 1 + 7 =
㉘ 1 + 3 =
㉙ 4 + 3 =
㉚ 2 + 1 =

㉛ 2 + 7 =
㉜ 4 + 4 =
㉝ 4 + 2 =
㉞ 3 + 2 =
㉟ 6 + 2 =
㊱ 3 + 4 =
㊲ 7 + 1 =
㊳ 7 + 2 =
㊴ 2 + 4 =
㊵ 1 + 6 =

1분

덧셈 사후 검사

월 일

◆ 반드시 위에서 아래로(번호 순서대로) 풀이하세요. 이렇게 꾸준히 하면 실력이 쑥쑥 올라요.

참 잘했어요	잘했어요	조금만 더 노력해요	맞은 개수
25~40개	19~24개	13~18개	개

① 5 + 3 =
② 1 + 7 =
③ 4 + 3 =
④ 2 + 5 =
⑤ 6 + 3 =
⑥ 4 + 1 =
⑦ 5 + 2 =
⑧ 3 + 5 =
⑨ 2 + 2 =
⑩ 3 + 4 =

⑪ 3 + 3 =
⑫ 7 + 2 =
⑬ 8 + 1 =
⑭ 1 + 8 =
⑮ 6 + 1 =
⑯ 5 + 4 =
⑰ 2 + 3 =
⑱ 1 + 6 =
⑲ 4 + 5 =
⑳ 5 + 1 =

㉑ 2 + 4 =
㉒ 4 + 1 =
㉓ 2 + 6 =
㉔ 6 + 1 =
㉕ 6 + 2 =
㉖ 1 + 7 =
㉗ 3 + 3 =
㉘ 4 + 3 =
㉙ 8 + 1 =
㉚ 5 + 4 =

㉛ 5 + 3 =
㉜ 4 + 1 =
㉝ 1 + 2 =
㉞ 7 + 1 =
㉟ 3 + 5 =
㊱ 4 + 2 =
㊲ 1 + 5 =
㊳ 2 + 5 =
㊴ 3 + 6 =
㊵ 2 + 4 =

1분

뺄셈 사전 검사

월 일

◆ 반드시 위에서 아래로(번호 순서대로) 풀이하세요. 이렇게 꾸준히 하면 실력이 쑥쑥 올라요.

참 잘했어요	잘했어요	조금만 더 노력해요	맞은 개수
25~40개	19~24개	13~18개	개

① 6 - 3 =
② 6 - 4 =
③ 9 - 1 =
④ 3 - 1 =
⑤ 8 - 2 =
⑥ 6 - 5 =
⑦ 7 - 2 =
⑧ 5 - 3 =
⑨ 10 - 5 =
⑩ 5 - 2 =

⑪ 6 - 2 =
⑫ 6 - 3 =
⑬ 8 - 3 =
⑭ 9 - 2 =
⑮ 10 - 3 =
⑯ 7 - 3 =
⑰ 9 - 3 =
⑱ 6 - 2 =
⑲ 5 - 4 =
⑳ 9 - 2 =

㉑ 8 - 3 =
㉒ 10 - 4 =
㉓ 4 - 4 =
㉔ 6 - 2 =
㉕ 6 - 3 =
㉖ 8 - 1 =
㉗ 9 - 4 =
㉘ 6 - 4 =
㉙ 9 - 1 =
㉚ 4 - 2 =

㉛ 8 - 4 =
㉜ 5 - 1 =
㉝ 9 - 2 =
㉞ 8 - 5 =
㉟ 2 - 1 =
㊱ 10 - 5 =
㊲ 7 - 6 =
㊳ 9 - 5 =
㊴ 6 - 3 =
㊵ 8 - 1 =

1분

뺄셈 사후 검사

월 일

♦ 반드시 위에서 아래로(번호 순서대로) 풀이하세요. 이렇게 꾸준히 하면 실력이 쑥쑥 올라요.

참 잘했어요	잘했어요	조금만 더 노력해요	맞은 개수
25~40개	19~24개	13~18개	개

① 5 − 2 =
② 4 − 2 =
③ 2 − 1 =
④ 5 − 4 =
⑤ 6 − 2 =
⑥ 8 − 1 =
⑦ 6 − 5 =
⑧ 9 − 2 =
⑨ 10 − 8 =
⑩ 3 − 2 =

⑪ 9 − 8 =
⑫ 3 − 2 =
⑬ 9 − 1 =
⑭ 6 − 2 =
⑮ 2 − 1 =
⑯ 4 − 2 =
⑰ 5 − 3 =
⑱ 9 − 6 =
⑲ 4 − 1 =
⑳ 10 − 2 =

㉑ 8 − 6 =
㉒ 5 − 2 =
㉓ 9 − 1 =
㉔ 4 − 3 =
㉕ 10 − 4 =
㉖ 6 − 1 =
㉗ 8 − 2 =
㉘ 2 − 1 =
㉙ 4 − 2 =
㉚ 9 − 7 =

㉛ 7 − 5 =
㉜ 5 − 3 =
㉝ 9 − 3 =
㉞ 6 − 5 =
㉟ 8 − 2 =
㊱ 9 − 4 =
㊲ 8 − 7 =
㊳ 4 − 3 =
㊴ 10 − 7 =
㊵ 8 − 6 =

정답

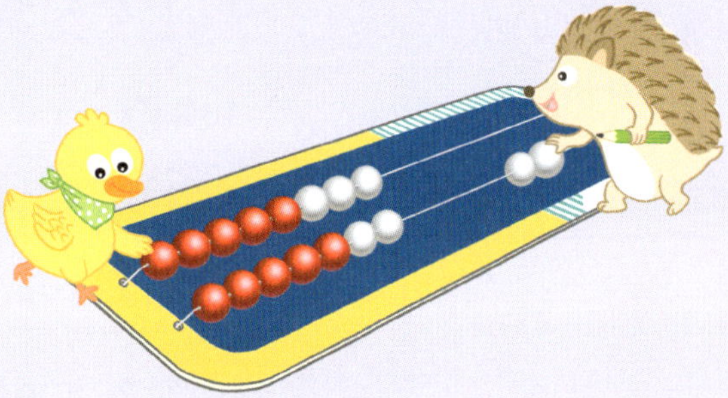

정답

1단원

배움 1

12쪽 3

1) ① 2 3 4 5
2) 1 2 3 ④ 5
3) 1 ② 3 4 5
4) 1 2 ③ 4 5
5) 1 2 3 4 ⑤
6) 1 2 3 ④ 5

13쪽 6

1) ① 2 3 4 5
2) 1 ② 3 4 5
3) 1 2 ③ 4 5
4) 1 2 3 ④ 5
5) 1 2 3 4 ⑤
6) 1 ② 3 4 5

14쪽 7

1) 1 2 ③ 4 5
2) 1 ② 3 4 5
3) ① 2 3 4 5
4) 1 2 3 ④ 5
5) 1 2 ③ 4 5
6) 1 2 3 4 ⑤
7) 1 2 ③ 4 5
8) 1 2 3 4 ⑤

배움 2

16쪽 1

1) 1 2 3 4 ⑤
2) 1 2 3 ④ 5
3) 1 2 ③ 4 5
4) 1 ② 3 4 5

16쪽 2

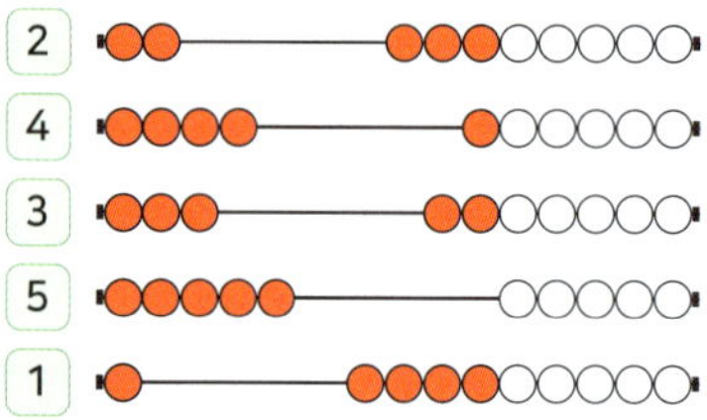

17쪽 3

1) 1 2 ③ 4 5
2) 1 2 3 ④ 5
3) 1 2 3 4 ⑤
4) ① 2 3 4 5
5) 1 2 3 ④ 5
6) 1 2 3 4 ⑤
7) 1 2 ③ 4 5

18쪽 4

1) ① 2 3 4 5
2) 1 2 ③ 4 5
3) 1 2 3 4 ⑤
4) 1 2 3 4 ⑤
5) 1 2 3 ④ 5
6) 1 2 ③ 4 5
7) 1 2 3 4 ⑤
8) 1 2 3 4 ⑤

배움 3

20쪽 1

1) 4
2) 3
3) 5
4) 1
5) 2
6) 4
7) 3

21쪽 2

1) 3
2) 4
3) 3
4) 4

5) 4　6) 5　7) 5

22쪽 3

1) 1 2 3 4 5　2) 1 2 3 4 5

3) 1 2 3 4 5　4) 1 2 3 4 5

5) 1 2 3 4 5　6) 1 2 3 4 5

7) 1 2 3 4 5　8) 1 2 3 4 5

23쪽 4

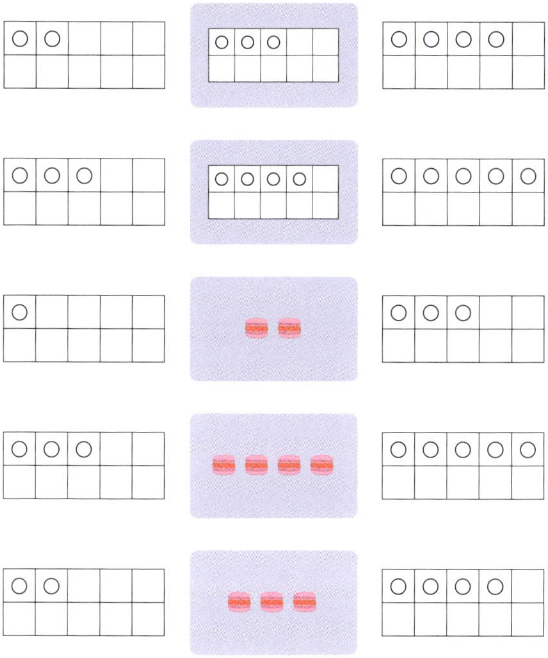

배움 4

24쪽 1

1) 2　2) 1

24쪽 2

1) 2　2) 3

3) 1　4) 2

25쪽 3

1)	2 1 / 3	2)	1 2 / 3	3)	1 2 / 3	4)	2 1 / 3

25쪽 4

1)	1 2 / 3	2)	2 1 / 3	3)	1 2 / 3	4)	2 1 / 3

26쪽 5

1)	1 3 / 4	2)	2 2 / 4	3)	3 1 / 4	4)	1 3 / 4

26쪽 6

1)	2 2 / 4	2)	1 3 / 4	3)	3 1 / 4	4)	3 1 / 4

27쪽 7

1) 2 + 1 = 3　2) 1 + 2 = 3

3) 2 + 2 = 4　4) 3 + 1 = 4

5) 1 + 3 = 4　6) 1 + 3 = 4

27쪽 8

1) 1 + 1 = 2　2) 1 + 2 = 3　3) 2 + 2 = 4

4) 1 + 3 = 4　5) 3 + 1 = 4　6) 1 + 3 = 4

배움 5

28쪽 1

1) 4　2) 5　3) 4　4) 5

5) 4　6) 3　7) 5　8) 4

29쪽 2

1

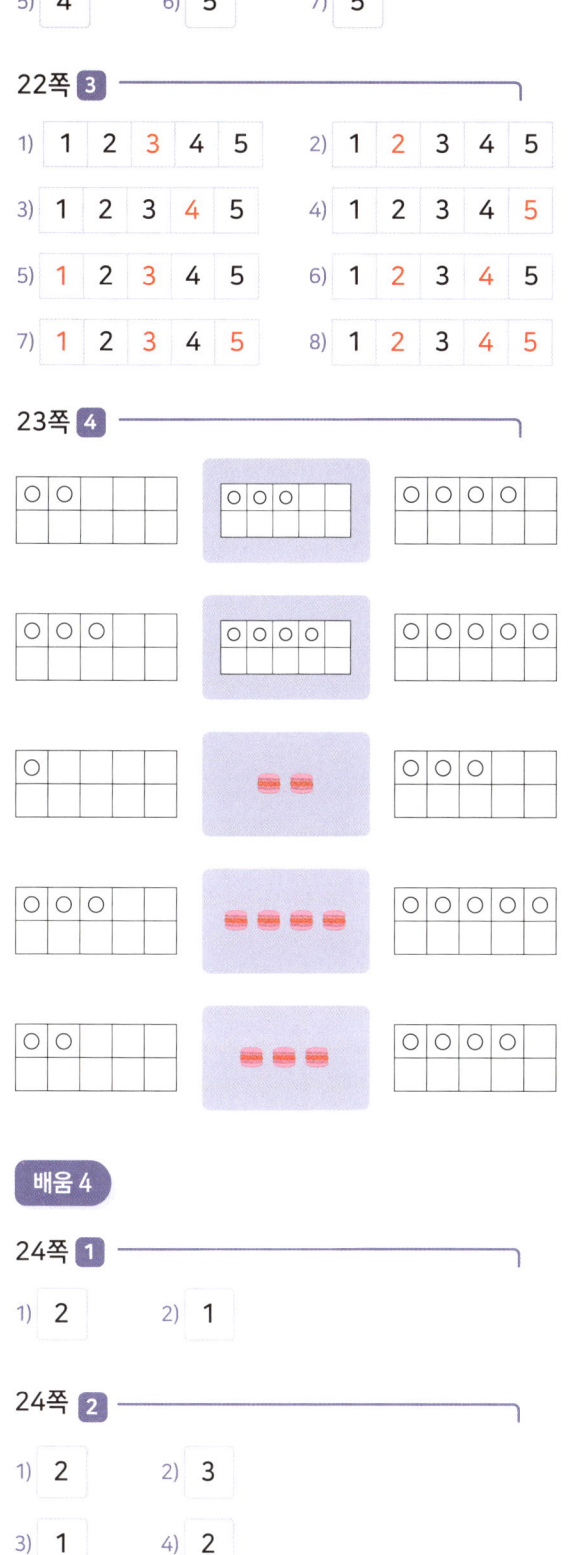

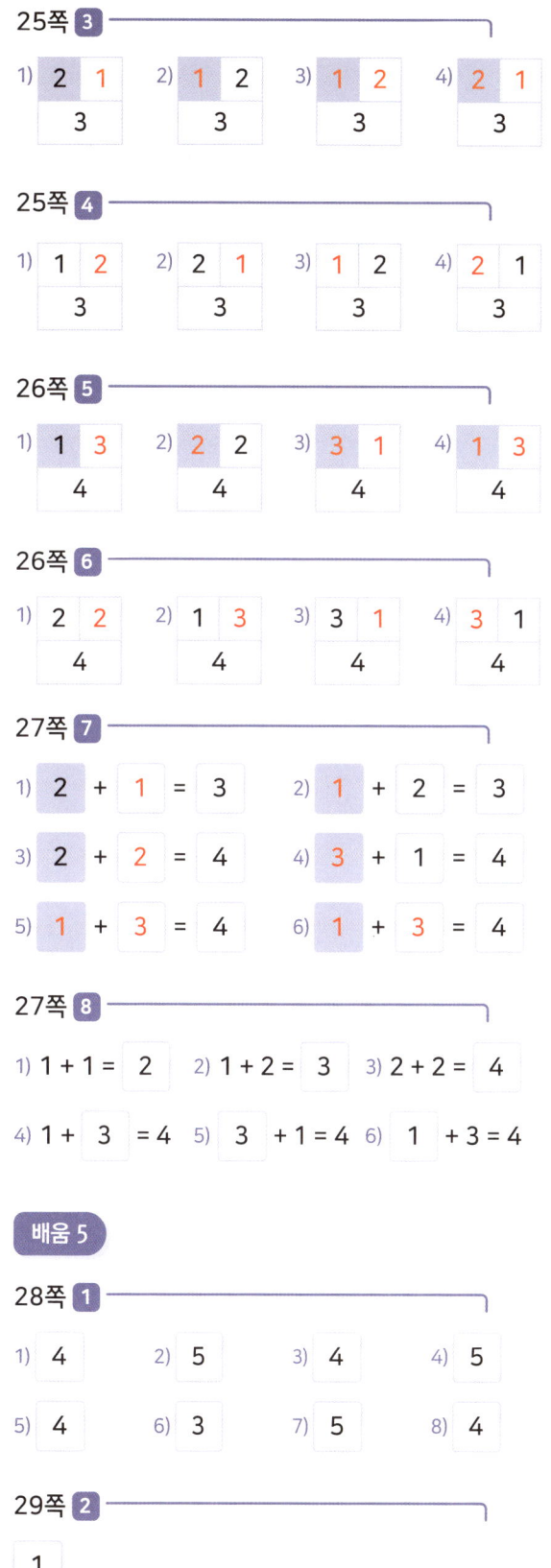

29쪽 3

1) 3 / 1 2
2) 3 / 1 2
3) 3 / 2 1
4) 3 / 2 1

30쪽 4

2 1 3

30쪽 5

1) 4 / 1 3
2) 4 / 1 3
3) 4 / 2 2
4) 4 / 3 1

31쪽 6

1) 1 2) 2

31쪽 7

1) 2 2) 1
3) 3 4) 2

배움 6

32쪽 1

1) 3 2) 2
3) 1 4) 4
5) 2 6) 3

33쪽 2

1) 2 3 / 5
2) 1 4 / 5
3) 4 1 / 5
4) 3 2 / 5
5) 3 2 / 5
6) 2 3 / 5
7) 4 1 / 5
8) 1 4 / 5

34쪽 3

1) 2 3 / 5
2) 4 1 / 5
3) 1 4 / 5
4) 3 2 / 5
5) 1 4 / 5
6) 2 3 / 5
7) 4 1 / 5
8) 3 2 / 5
9) 2 3 / 5
10) 1 4 / 5

35쪽 4

1) 1 + 4 = 5
2) 2 + 3 = 5 3) 4 + 1 = 5
4) 3 + 2 = 5 5) 2 + 3 = 5
6) 1 + 4 = 5 7) 4 + 1 = 5

35쪽 5

1) 2 + 3 = 5 2) 4 + 1 = 5 3) 1 + 4 = 5
4) 3 + 2 = 5 5) 4 + 1 = 5 6) 2 + 3 = 5

배움 7

36쪽 1

1) 3 2) 3 3) 4 4) 3
5) 4 6) 4 7) 5 8) 5

37쪽 2

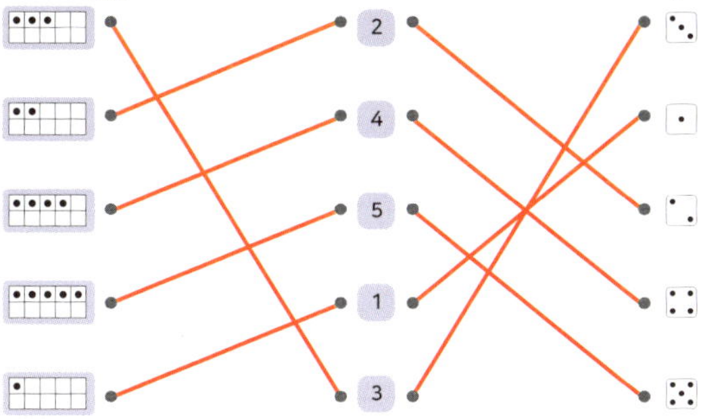

38쪽 3

1) 1 1 / 2
2) 2 1 / 3
3) 1 2 / 3
4) 3 1 / 4
5) 2 2 / 4
6) 2 3 / 5
7) 4 1 / 5
8) 3 2 / 5
9) 2 3 / 5
10) 4 1 / 5

39쪽 4

1) 2 2) 3
3) 4 4) 4
5) 4 6) 5
7) 5 8) 5
9) 1 10) 2
11) 1 12) 2

배움 8

40쪽 1

2 4 1 2 3

41쪽 2

1) 5 / 2 3
2) 5 / 3 2
3) 5 / 1 4
4) 5 / 4 1
5) 5 / 1 4
6) 5 / 2 3
7) 5 / 4 1
8) 5 / 3 2
9) 5 / 2 3
10) 5 / 4 1

42쪽 3

1) 4 2) 2
3) 3 4) 1
5) 2 6) 3
7) 1 8) 4

43쪽 4

1) 1 2) 1
3) 2 4) 2
5) 1 6) 2
7) 1 8) 3
9) 3 10) 4
11) 1 12) 2

배움 9

44쪽 1

1) 3 2) 2 3) 5 4) 4
5) 5 6) 5 7) 4 8) 5

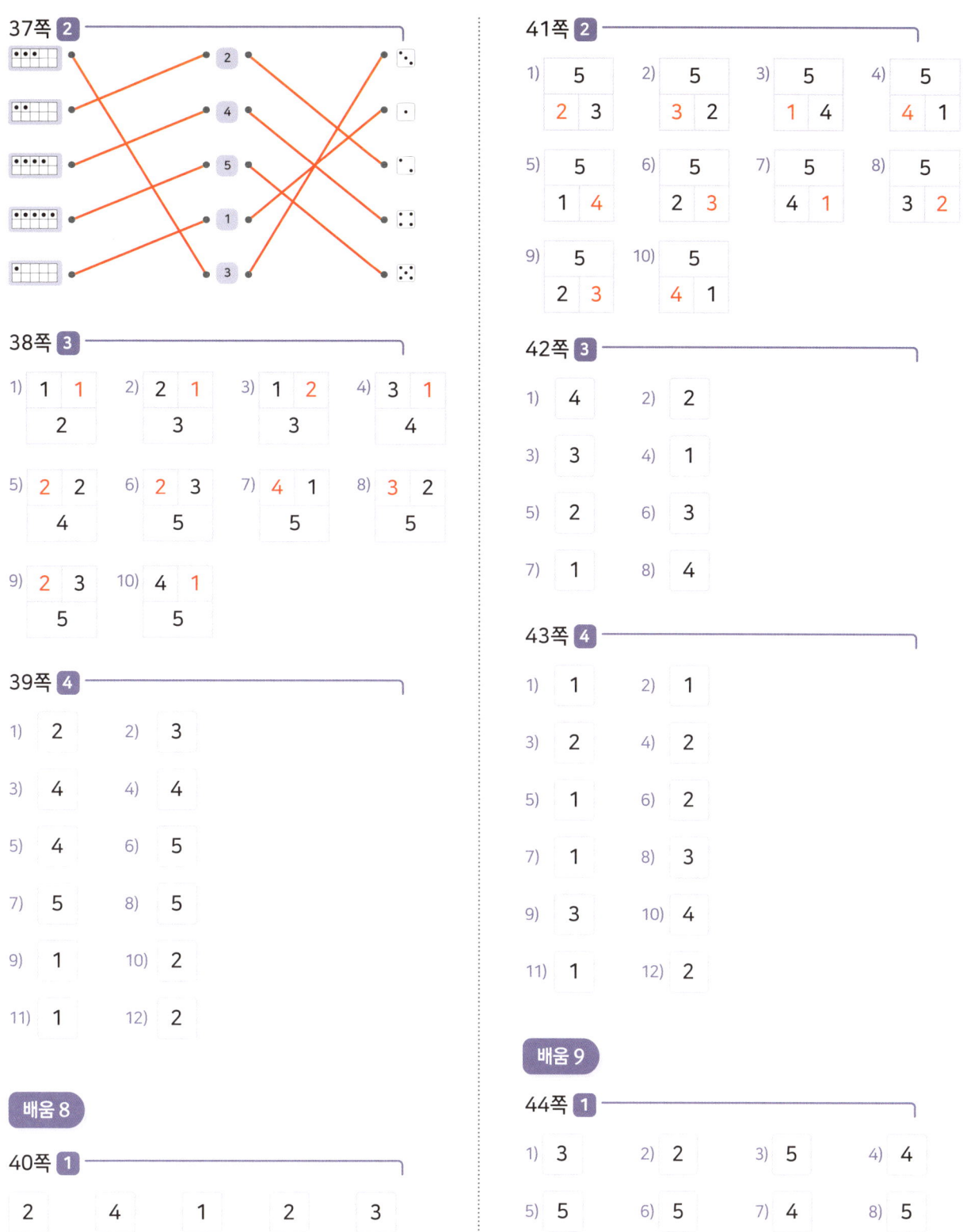

45쪽 2

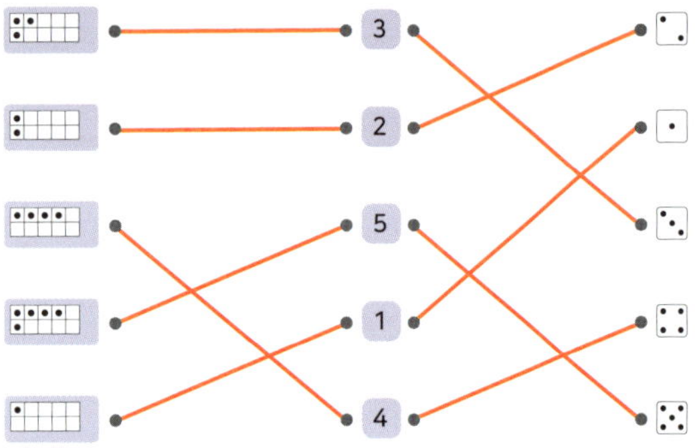

46쪽 3

1) 1, 4 / 3
2) 2, 1 / 3
3) 2, 2 / 4
4) 3, 1 / 4
5) 1, 4 / 5
6) 2, 3 / 5
7) 4, 1 / 5
8) 3, 2 / 5
9) 2, 3 / 5
10) 1, 4 / 5

47쪽 4

1) 2 2) 3
3) 1 4) 2
5) 1 6) 2
7) 1 8) 3
9) 4 10) 2
11) 1 12) 3

배움 10

48쪽 1

1) 4 2) 5 3) 2 4) 3
5) 5 6) 4 7) 4 8) 5

49쪽 2

1) 3, 4, 5 2) 2, 3, 4
3) 3, 4, 5 4) 1, 2, 3
5) 4, 5 6) 1, 2

50쪽 3

1) 4, 3, 5, 2 2) 2, 4, 3, 1
3) 5, 4, 3 4) 3, 1, 2
5) 5, 4 6) 2, 1

51쪽 4

1) 3 2) 1
3) 1 4) 5
5) 4 6) 4
7) 3 8) 1
9) 2 10) 3
11) 5 12) 5
13) 2 14) 1

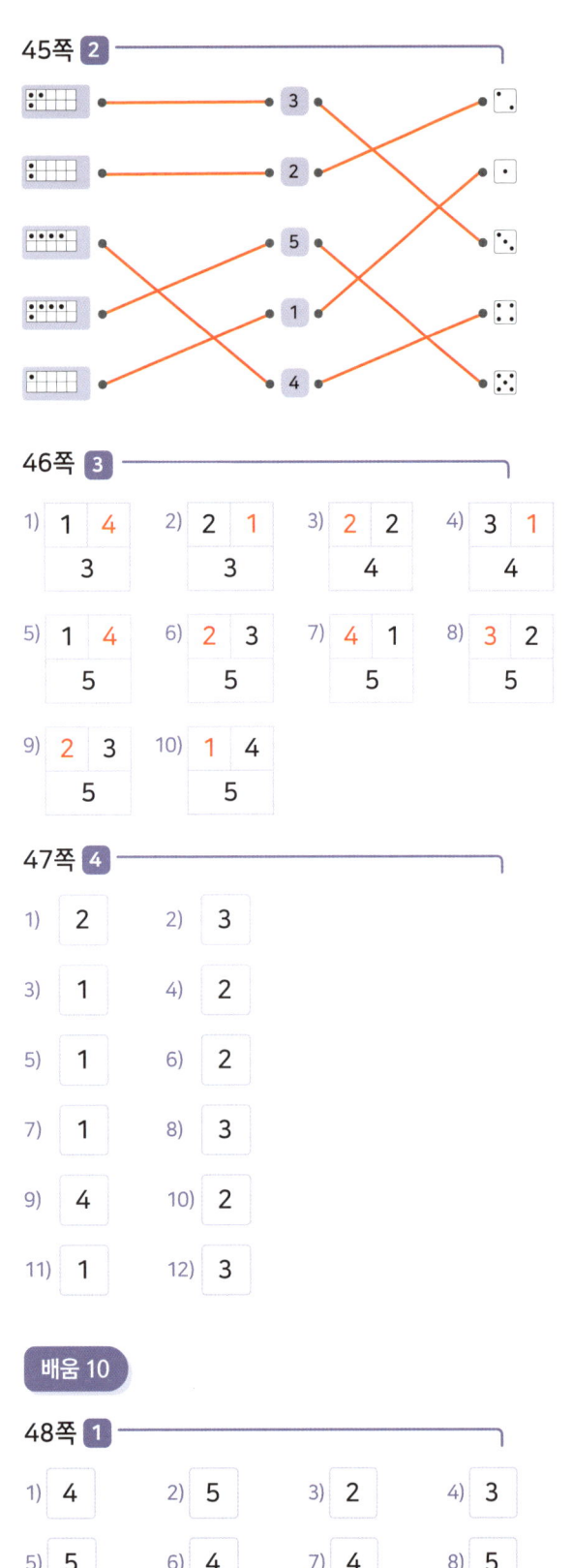

2단원

배움 11

54쪽 3

1) 6 7 **8** 9 10
2) 6 **7** 8 9 10
3) 6 7 8 **9** 10
4) **6** 7 8 9 10
5) 6 7 **8** 9 10
6) 6 7 8 9 **10**

55쪽 6

1) **6** 7 8 9 10
2) 6 **7** 8 9 10
3) 6 7 **8** 9 10
4) 6 7 8 **9** 10
5) 6 **7** 8 9 10
6) 6 7 8 9 **10**

56쪽 7

1) 6 7 8 9 **10**
2) 6 **7** 8 9 10
3) 6 7 **8** 9 10
4) 6 7 8 **9** 10
5) **6** 7 8 9 10
6) 6 7 **8** 9 10
7) 6 **7** 8 9 10
8) 6 7 **8** 9 10

57쪽 8

1) **6** 7 8 9 10
2) 6 7 8 9 **10**
3) 6 7 8 **9** 10
4) **6** 7 8 9 10
5) 6 **7** 8 9 10
6) 6 7 **8** 9 10
7) 6 7 8 **9** 10

배움 12

58쪽 1

1) 6 7 8 **9** 10
2) 6 7 **8** 9 10
3) 6 7 8 9 **10**
4) **6** 7 8 9 10
5) 6 **7** 8 9 10
6) 6 7 8 **9** 10
7) **6** 7 8 9 10
8) 6 7 **8** 9 10

59쪽 2

1) **6** 7 8 9 10
2) 6 7 **8** 9 10
3) 6 7 8 **9** 10
4) 6 **7** 8 9 10
5) 6 7 **8** 9 10
6) 6 7 8 **9** 10
7) 6 7 8 9 **10**
8) 6 **7** 8 9 10

60쪽 3

1) **6** 7 8 9 10
2) 6 **7** 8 9 10
3) 6 **7** 8 9 10
4) 6 7 **8** 9 10
5) 6 7 8 9 **10**
6) **6** 7 8 9 10
7) 6 7 8 **9** 10
8) **6** 7 8 9 10

61쪽 4

1) 6 7 **8** 9 10
2) 6 **7** 8 9 10
3) 6 7 8 **9** 10
4) **6** 7 8 9 10
5) 6 7 8 9 **10**
6) 6 7 **8** 9 10
7) **6** 7 8 9 10
8) 6 7 8 **9** 10

배움 13

62쪽 1

1) **6** 7 8 9 10
2) 6 7 **8** 9 10
3) 6 7 8 **9** 10
4) 6 **7** 8 9 10
5) 6 7 8 9 **10**
6) **6** 7 8 9 10
7) 6 **7** 8 9 10
8) 6 7 **8** 9 10

63쪽 2

1) **6** 7 8 9 10
2) **6** 7 8 9 10
3) 6 **7** 8 9 10
4) 6 7 **8** 9 10
5) **6** 7 8 9 10
6) 6 **7** 8 9 10
7) 6 7 8 9 **10**
8) 6 **7** 8 9 10

64쪽 3

1) 6 **7** 8 **9** 10
2) **6** 7 **8** 9 10
3) **6** **7** 8 9 10
4) **6** 7 8 **9** **10**
5) **6** 7 8 **9** 10
6) **6** 7 **8** 9 **10**
7) 6 **7** **8** 9 **10**
8) 6 **7** 8 **9** 10

65쪽 4

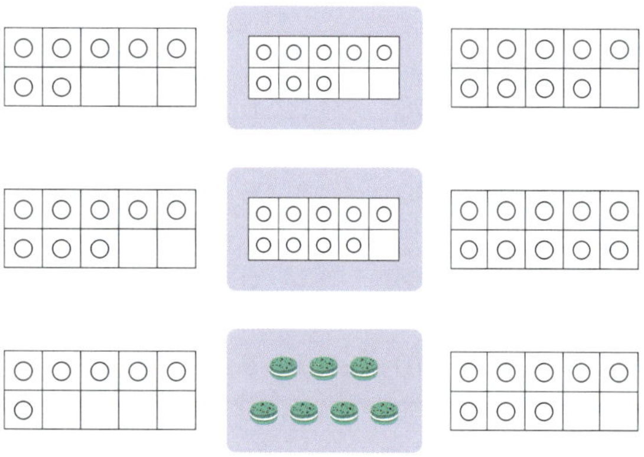

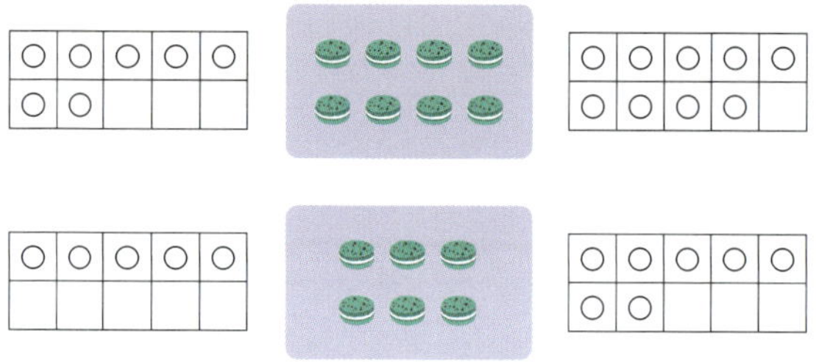

배움 14

66쪽 1

1) 5
2) 4
3) 2
4) 3
5) 1
6) 2

67쪽 2

1) 3 **3** / 6
2) **2** 4 / 6
3) **4** **2** / 6
4) **5** **1** / 6
5) **4** **2** / 6
6) **1** **5** / 6
7) **3** **3** / 6
8) **4** **2** / 6

68쪽 3

1) 2 **4** / 6
2) 3 **3** / 6
3) 5 **1** / 6
4) 1 **5** / 6
5) **2** 4 / 6
6) **4** 2 / 6
7) **5** 1 / 6
8) **3** 3 / 6
9) 1 **5** / 6
10) 4 **2** / 6

69쪽 4

1) 2 + **4** = 6
2) **5** + **1** = 6
3) **4** + **2** = 6
4) **1** + **5** = 6
5) **3** + **3** = 6

6) 2 + 4 = 6   7) 5 + 1 = 6

69쪽 5

1) 2 + 3 = 5   2) 2 + 4 = 6   3) 3 + 3 = 6

4) 5 + 1 = 6   5) 4 + 2 = 6   6) 2 + 4 = 6

배움 15

70쪽 1

1) 2   2) 4   3) 3   4) 6

5) 5   6) 1   7) 4   8) 3

71쪽 2

1) 4 3 / 7   2) 5 2 / 7   3) 6 1 / 7   4) 5 2 / 7

5) 2 5 / 7   6) 3 4 / 7   7) 2 5 / 7   8) 3 4 / 7

72쪽 3

1) 3 4 / 7   2) 2 5 / 7   3) 5 2 / 7   4) 4 3 / 7

5) 6 1 / 7   6) 5 2 / 7   7) 1 6 / 7   8) 4 3 / 7

9) 3 4 / 7   10) 4 3 / 7

73쪽 4

1) 5 + 2 = 7

2) 2 + 5 = 7   3) 3 + 4 = 7

4) 1 + 6 = 7   5) 6 + 1 = 7

6) 4 + 3 = 7   7) 5 + 2 = 7

73쪽 5

1) 4 + 2 = 6   2) 4 + 3 = 7   3) 1 + 6 = 7

4) 2 + 5 = 7   5) 3 + 4 = 7   6) 2 + 5 = 7

배움 16

74쪽 1

1) 6 / 4 2   2) 6 / 3 3   3) 6 / 2 4   4) 6 / 4 2

5) 6 / 5 1   6) 6 / 3 3   7) 6 / 1 5   8) 6 / 3 3

75쪽 2

2   1   3   2   5

76쪽 3

1) 6 / 3 3   2) 6 / 2 4   3) 6 / 1 5   4) 6 / 4 2

5) 6 / 1 5   6) 6 / 4 2   7) 6 / 2 4   8) 6 / 3 3

9) 6 / 5 1   10) 6 / 2 4

77쪽 4

1) 5   2) 4

3) 2   4) 3

5) 1   6) 4

7) 2   8) 3

배움 17

78쪽 1

1)	2)	3)	4)	5)	6)	7)	8)
7	7	7	7	7	7	7	7
4, 3	3, 4	1, 6	5, 2	6, 1	2, 5	4, 3	4, 3

79쪽 2

3 2 4 1 6

80쪽 3

1)	2)	3)	4)	5)	6)	7)	8)	9)	10)
7	7	7	7	7	7	7	7	7	7
4, 3	3, 4	5, 2	6, 1	2, 5	1, 6	2, 5	4, 3	1, 6	5, 2

81쪽 4

1) 5 2) 4
3) 2 4) 3
5) 5 6) 1
7) 6 8) 4

배움 18

82쪽 1

1) 7 2) 6 3) 6 4) 7
5) 8 6) 9 7) 8 8) 6

83쪽 2

1) 6 2) 6 3) 7 4) 7
5) 6 6) 7 7) 7 8) 9

84쪽 3

1) 5 2) 6
3) 5 4) 7
5) 6 6) 7
7) 7 8) 6
9) 7 10) 7
11) 2 12) 3
13) 5 14) 3

85쪽 4

1) 3 2) 3
3) 1 4) 5
5) 4 6) 2
7) 1 8) 3
9) 6 10) 4
11) 2 12) 3
13) 5 14) 1

배움 19

86쪽 1

1) 7 2) 7 3) 7 4) 5
5) 6 6) 7 7) 8 8) 7

87쪽 2

1) 7 2) 7 3) 7 4) 7
5) 7 6) 6 7) 7 8) 6

88쪽 3

1) 6 2) 7
3) 7 4) 7
5) 5 6) 7
7) 6 8) 5
9) 6 10) 6
11) 1 12) 2
13) 5 14) 3

89쪽 4

1) 3 2) 2
3) 1 4) 5
5) 5 6) 3
7) 1 8) 4
9) 5 10) 5
11) 1 12) 1
13) 4 14) 2

배움 20

90쪽 1

1) 3 2) 5 3) 4 4) 7
5) 6 6) 2 7) 5 8) 1

91쪽 2

1) 5, 3 / 8
2) 6, 2 / 8
3) 2, 6 / 8
4) 3, 5 / 8
5) 4, 4 / 8
6) 5, 3 / 8
7) 1, 7 / 8
8) 7, 1 / 8

92쪽 3

1) 5, 3 / 8
2) 2, 6 / 8
3) 4, 4 / 8
4) 2, 6 / 8
5) 5, 3 / 8
6) 2, 6 / 8
7) 7, 1 / 8
8) 4, 4 / 8
9) 2, 6 / 8
10) 5, 3 / 8

93쪽 4

1) 4 + 4 = 8
2) 6 + 2 = 8
3) 5 + 3 = 8
4) 7 + 1 = 8
5) 1 + 7 = 8
6) 3 + 5 = 8
7) 5 + 3 = 8

93쪽 5

1) 4 + 3 = 7
2) 3 + 5 = 8
3) 1 + 7 = 8
4) 2 + 6 = 8
5) 5 + 3 = 8
6) 3 + 5 = 8

배움 21

94쪽 1

1) 4 2) 1 3) 5 4) 8
5) 7 6) 3 7) 6 8) 2

95쪽 2

1) 6 3 / 9
2) 5 4 / 9
3) 3 6 / 9
4) 4 5 / 9
5) 7 2 / 9
6) 8 1 / 9
7) 1 8 / 9
8) 2 7 / 9

96쪽 3

1) 5 4 / 9
2) 7 2 / 9
3) 4 5 / 9
4) 2 7 / 9
5) 6 3 / 9
6) 3 6 / 9
7) 8 1 / 9
8) 5 4 / 9
9) 2 7 / 9
10) 5 4 / 9

97쪽 4

1) 6 + 3 = 9
2) 5 + 4 = 9
3) 3 + 6 = 9
4) 2 + 7 = 9
5) 1 + 8 = 9
6) 7 + 2 = 9
7) 8 + 1 = 9

97쪽 5

1) 5 + 3 = 8
2) 5 + 4 = 9
3) 1 + 8 = 9
4) 2 + 7 = 9
5) 3 + 6 = 9
6) 4 + 5 = 9

배움 22

98쪽 1

1) 8 / 2 6
2) 8 / 4 4
3) 8 / 5 3
4) 8 / 3 5
5) 8 / 4 4
6) 8 / 7 1
7) 8 / 4 4
8) 8 / 2 6

99쪽 2

4 2 6 1

7 3 5

100쪽 3

1) 8 / 5 3
2) 8 / 6 2
3) 8 / 7 1
4) 8 / 3 5
5) 8 / 2 6
6) 8 / 4 4
7) 8 / 2 6
8) 8 / 1 7
9) 8 / 3 5
10) 8 / 5 3

101쪽 4

1) 4
2) 6
3) 5
4) 3
5) 1
6) 2
7) 7
8) 4

배움 23

102쪽 1

1) 9 / 4 5
2) 9 / 6 3
3) 9 / 5 4
4) 9 / 3 6
5) 9 / 2 7
6) 9 / 8 1
7) 9 / 7 2
8) 9 / 1 8

103쪽 2

4 3 7 1

8 2 5

104쪽 3

	1)	2)	3)	4)	5)	6)	7)	8)	9)	10)
위	9	9	9	9	9	9	9	9	9	9
아래	6, 3	7, 2	5, 4	8, 1	5, 4	7, 2	6, 3	8, 1	2, 7	8, 1

105쪽 4

1) 8 2) 6
3) 5 4) 7
5) 2 6) 4
7) 3 8) 1

배움 24

106쪽 1

1) 8 2) 9 3) 9 4) 8
5) 8 6) 9 7) 9 8) 9

107쪽 2

1) 7 2) 7 3) 6 4) 6
5) 6 6) 6 7) 7 8) 7

108쪽 3

1) 8 2) 8
3) 9 4) 7
5) 9 6) 8
7) 8 8) 9
9) 8 10) 9
11) 5 12) 3
13) 6 14) 2

109쪽 4

1) 5 2) 4
3) 2 4) 6
5) 6 6) 4
7) 3 8) 5
9) 8 0) 6
11) 4 12) 5
13) 7 14) 3

배움 25

110쪽 1

1) 8 2) 9 3) 8 4) 9
5) 8 6) 9 7) 9 8) 9

111쪽 2

1) 5 2) 6 3) 6 4) 7
5) 8 6) 6 7) 7 8) 7

112쪽 3

1) 8 2) 7
3) 8 4) 8
5) 9 6) 9
7) 9 8) 9
9) 9 10) 8

11) 6 12) 2

13) 5 14) 4

113쪽 4

1) 4 2) 6

3) 5 4) 7

5) 6 6) 3

7) 8 8) 6

9) 7 10) 4

11) 5 12) 3

13) 2 14) 1

배움 26

114쪽 1

1) 7 2) 7 3) 6 4) 9

5) 7 6) 8 7) 8 8) 6

115쪽 2

1) 7, 8, 9 2) 7, 6, 5

3) 7, 8, 9 4) 7, 6, 5

5) 8, 9 6) 6, 5

116쪽 3

1) 7 2) 5

3) 5 4) 10

5) 5 6) 6

7) 7 8) 10

9) 6 10) 7

11) 12 12) 11

13) 3 14) 5

117쪽 4

1) 9 2) 4

3) 4 4) 8

5) 9 6) 6

7) 4 8) 5

9) 4 10) 5

11) 8 12) 6

13) 2 14) 4

배움 27

118쪽 1

1) 6 2) 7 3) 7 4) 8

5) 9 6) 8 7) 9 8) 7

119쪽 2

1) 8, 9, 6, 7 2) 6, 8, 5, 4

3) 9, 7, 8

4) 5, 7, 6

5) 9, 8

6) 5, 6

120쪽 3

1) 9 2) 3
3) 6 4) 10
5) 6 6) 4
7) 6 8) 2
9) 5 10) 5
11) 4 12) 8
13) 2 14) 5

121쪽 4

1) 9 2) 4
3) 4 4) 8
5) 9 6) 6
7) 4 8) 5
9) 4 10) 2
11) 8 12) 1
13) 2 14) 1

배움 28

122쪽 1

1) 5 2) 3 3) 6 4) 9
5) 2 6) 4 7) 7 8) 1

123쪽 2

1) 6 4 / 10 2) 8 2 / 10 3) 9 1 / 10 4) 8 2 / 10
5) 9 1 / 10 6) 7 3 / 10 7) 8 2 / 10 8) 7 3 / 10

124쪽 3

1) 5 5 / 10 2) 7 3 / 10 3) 4 6 / 10 4) 2 8 / 10
5) 7 3 / 10 6) 4 6 / 10 7) 1 9 / 10 8) 6 4 / 10
9) 2 8 / 10 10) 5 5 / 10

125쪽 4

1) 5 + 5 = 10
2) 7 + 3 = 10 3) 9 + 1 = 10
4) 4 + 6 = 10 5) 6 + 4 = 10
6) 2 + 8 = 10 7) 1 + 9 = 10

125쪽 5

1) 5 + 4 = 9 2) 5 + 5 = 10 3) 1 + 9 = 10
4) 3 + 7 = 10 5) 2 + 8 = 10 6) 6 + 4 = 10

배움 29

126쪽 1

1) 10 / 3, 7	2) 10 / 5, 5	3) 10 / 6, 4	4) 10 / 8, 2
5) 10 / 5, 5	6) 10 / 1, 9	7) 10 / 9, 1	8) 10 / 2, 8

127쪽 2

2) 2 3) 3 4) 8 5) 1

6) 9 7) 5 8) 6

128쪽 3

1) 10 / 7, 3	2) 10 / 8, 2	3) 10 / 9, 1	4) 10 / 5, 5
5) 10 / 4, 6	6) 10 / 2, 8	7) 10 / 2, 8	8) 10 / 1, 9
9) 10 / 3, 7	10) 10 / 5, 5		

129쪽 4

1) 6 2) 8

3) 7 4) 5

5) 3 6) 4

7) 9 8) 6

3단원

배움 30

132-133쪽 3

1) 12

2) 13 3) 15

4) 16 5) 14

6) 11 7) 18

8) 19 9) 20

134쪽 4

1	2	3	4	5	6	7	8	9	10
11	12	13	14	15	16	17	18	19	20

1	2	3	4	5	6	7	8	9	10
11	12	13	14	15	16	17	18	19	20

134쪽 5

1) 14 2) 15 3) 16

4) 17 5) 18 6) 19 7) 20

135쪽 6

11	13	15	17

15	16	18	19

135쪽 7

13	18
14	17
15	16
16	15

13	16
14	15
15	14
16	13

배움 31

136쪽 1

1	2	3	4	5	6	7	8	9	10
11	12	13	14	15	16	17	18	19	20
21	22	23	24	25	26	27	28	29	30
31	32	33	34	35	36	37	38	39	40
41	42	43	44	45	46	47	48	49	50

137쪽 3

1) 40 2) 50 3) 10
4) 30 5) 20

138쪽 4

1) 4 2) 6 3) 4 4) 9 5) 4 6) 10 7) 8 8) 7
9) 5 10) 10 11) 5 12) 10 13) 6 14) 9 15) 9

139쪽 5

1) 1 2) 8 3) 4 4) 4 5) 6 6) 7 7) 1 8) 5
9) 1 10) 7 11) 3 12) 4 13) 2 14) 2 15) 2

배움 32

140쪽 1

1) 1 0 2) 2 0
3) 3 0 4) 4 0 5) 5 0
6) 4 0 7) 3 0 8) 2 0

141쪽 2

1) 1 0
2) 2 0 3) 3 0
4) 4 0 5) 5 0

142 3

1) 10 2) 8 3) 6 4) 5 5) 6 6) 8 7) 10 8) 10
9) 6 10) 9 11) 8 12) 7 13) 7 14) 10 15) 9

143쪽 4

1) 9 2) 5 3) 8 4) 3 5) 3 6) 6 7) 4 8) 6
9) 2 10) 5 11) 3 12) 1 13) 1 14) 5 15) 4

배움 33

144쪽 1

1) 1 3 2) 2 3
3) 3 3 4) 4 3 5) 3 3
6) 2 3 7) 1 3 8) 0 3

145쪽 2

1) 2 5

2) 3 5　3) 4 5

4) 3 5　5) 2 5

146쪽 3

1)	10	9)	8
2)	4	10)	9
3)	5	11)	9
4)	8	12)	9
5)	10	13)	10
6)	5	14)	7
7)	7	15)	7
8)	8		

147쪽 4

1)	4	9)	4
2)	6	10)	6
3)	2	11)	2
4)	5	12)	2
5)	8	13)	4
6)	1	14)	1
7)	2	15)	1
8)	6		

배움 34

148쪽 1

1) 3 7　2) 4 6

3) 1 4　4) 2 1　5) 3 7

6) 2 2　7) 4 8　8) 3 9

149쪽 2

1) 3 5

2) 2 6　3) 3 7

4) 3 2　5) 4 9

150쪽 3

1)	4	9)	7
2)	4	10)	7
3)	6	11)	6
4)	10	12)	10
5)	8	13)	10
6)	8	14)	7
7)	6	15)	9
8)	10		

151쪽 4

1)	7	9)	7
2)	3	10)	5
3)	1	11)	4
4)	8	12)	6
5)	2	13)	2
6)	5	14)	5
7)	4	15)	2
8)	3		

배움 35

152쪽 1

1) 35　2) 16

3) 48　4) 23　5) 39

6) 15　7) 24　8) 37

153쪽 2

16	26
23	14
35	6
47	9
34	28
28	31
38	35
34	28
45	16
25	7
38	19
41	5

154쪽 3

1) 6
2) 5
3) 10
4) 10
5) 8
6) 6
7) 7
8) 8
9) 9
10) 9
11) 9
12) 10
13) 8
14) 9
15) 10

155쪽 4

1) 4
2) 1
3) 6
4) 9
5) 8
6) 3
7) 4
8) 1
9) 1
10) 1
11) 2
12) 3
13) 4
14) 2
15) 4

배움 36

156쪽 1

28 29 30
39 40 41

157쪽 2

1) 23 2) 31 3) 25
4) 34 5) 22

158쪽 3

1) 5
2) 4
3) 4
4) 5
5) 7
6) 9
7) 8
8) 8
9) 7
10) 8
11) 6
12) 7
13) 9
14) 9
15) 7

159쪽 4

1) 6
2) 3
3) 5
4) 1
5) 7
6) 1
7) 1
8) 3
9) 4
10) 2
11) 3
12) 1
13) 4
14) 2
15) 3

배움 37

160쪽 1

1) 25 2) 38 3) 42 4) 49

161쪽 2

25 37 40 49 29 40

161쪽 3

1) 42 37 2) 35 43 3) 38 44

161쪽 4

1) 10 20 30 40 2) 20 30 40 50

162쪽 5

1) 5
2) 5
3) 6
4) 4
5) 4
6) 8
7) 8
8) 8
9) 7
10) 7
11) 7
12) 9
13) 8
14) 9
15) 5

163쪽 6

1) 2
2) 3
3) 6
4) 5
5) 8
6) 4
7) 3
8) 8
9) 2
10) 1
11) 4
12) 1
13) 3
14) 4
15) 1

배움 38

164쪽 1

1) 31 2) 40 3) 43 4) 28

165쪽 2

32 24 45 37 18 31

165쪽 3

1) 28 **33** 2) 26 **35** 2) **30** 33

165쪽 4

1) 13 24 28 31 2) 10 25 37 42

166쪽 5

1)	6	9)	4
2)	5	10)	9
3)	10	11)	9
4)	10	12)	10
5)	8	13)	8
6)	6	14)	9
7)	7	15)	10
8)	8		

167쪽 6

1)	4	9)	1
2)	1	10)	1
3)	6	11)	2
4)	9	12)	3
5)	7	13)	4
6)	3	14)	2
7)	4	15)	4
8)	1		

배움 39

168쪽 1

19 25 **30**

31 **40** 30

169쪽 2

17 22 34 25

169쪽 3

1) **31** 23 13 2) 29 14 **38**

3) 21 16 **24** 4) 41 24 **44**

5) 23 21 **24** 6) **47** 42 27

170쪽 4

1)	5	9)	8
2)	5	10)	7
3)	4	11)	9
4)	4	12)	6
5)	5	13)	7
6)	6	14)	9
7)	9	15)	9
8)	8		

171쪽 5

1)	7	9)	2
2)	1	10)	5
3)	5	11)	2
4)	1	12)	2
5)	2	13)	3
6)	4	14)	1
7)	4	15)	1
8)	6		

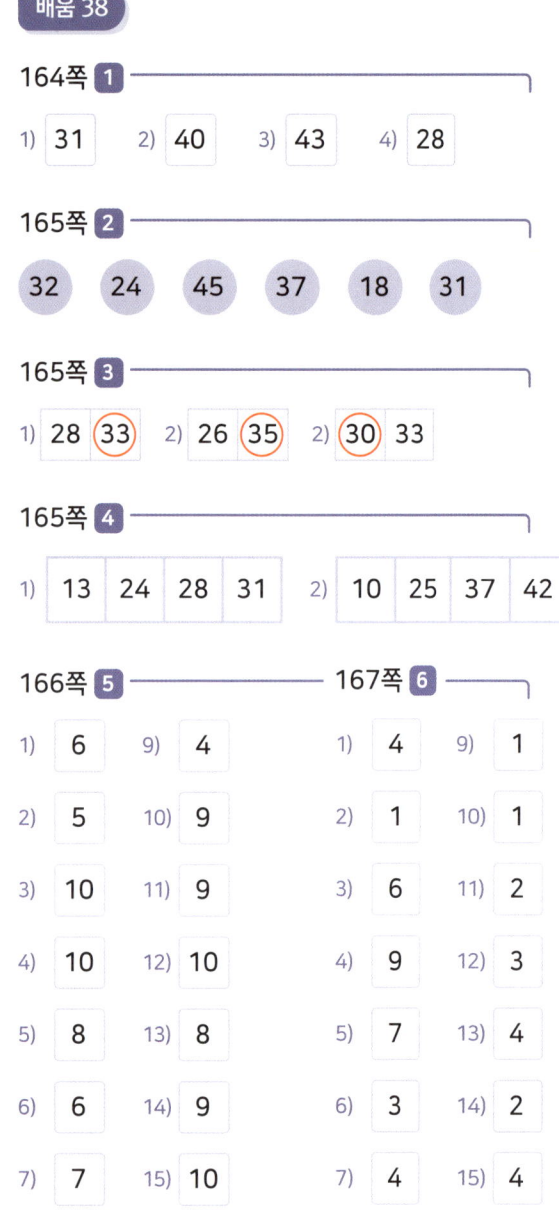

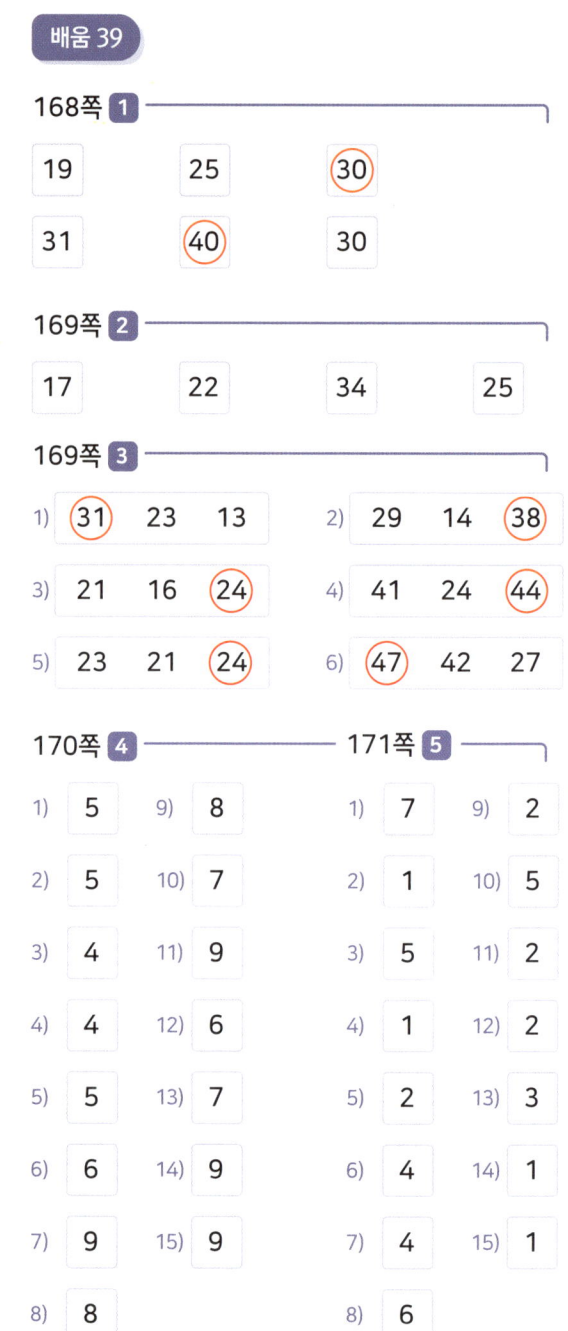

배움 40

172쪽 1

19 26 (30)

(38) 30 34

173쪽 2

23 17 31 24

173쪽 3

1) 26 19 (41)
2) (50) 24 31
3) (47) 26 34
4) 19 (41) 40
5) 16 (39) 29
6) 23 (36) 18

174쪽 4

1) 9
2) 10
3) 9
4) 6
5) 7
6) 7
7) 8
8) 9
9) 10
10) 9
11) 5
12) 4
13) 4
14) 10
15) 7

175쪽 5

1) 2
2) 5
3) 6
4) 3
5) 3
6) 1
7) 1
8) 1
9) 1
10) 5
11) 3
12) 1
13) 1
14) 3
15) 4

정확도 및 유창성 연습

178쪽 계산의 고수 (1)

1) 7
2) 8
3) 3
4) 9
5) 6
6) 4
7) 7
8) 10
9) 5
10) 8
11) 7
12) 6
13) 9
14) 5
15) 10
16) 8
17) 7
18) 9
19) 6
20) 10
21) 6
22) 7
23) 8
24) 5
25) 8
26) 4
27) 9
28) 8
29) 9
30) 10
31) 7
32) 8
33) 4
34) 6
35) 8
36) 8
37) 7
38) 6
39) 7
40) 8

179쪽 계산의 고수 (2)

1)	7	21)	4
2)	4	22)	5
3)	3	23)	8
4)	6	24)	3
5)	8	25)	7
6)	6	26)	2
7)	5	27)	1
8)	2	28)	6
9)	9	29)	3
10)	1	30)	2
11)	4	31)	5
12)	2	32)	3
13)	5	33)	2
14)	1	34)	2
15)	7	35)	3
16)	3	36)	2
17)	2	37)	1
18)	6	38)	1
19)	4	39)	2
20)	5	40)	6

180쪽 계산의 고수 (3)

1)	3	21)	3
2)	6	22)	4
3)	5	23)	0
4)	4	24)	4
5)	3	25)	2
6)	5	26)	5
7)	4	27)	3
8)	2	28)	1
9)	1	29)	2
10)	0	30)	1
11)	5	31)	1
12)	3	32)	1
13)	2	33)	1
14)	2	34)	5
15)	3	35)	3
16)	2	36)	3
17)	1	37)	7
18)	1	38)	5
19)	2	39)	7
20)	6	40)	2

181쪽 덧셈 올림픽 (1)

1) 4
2) 9
3) 9
4) 8
5) 9
6) 7
7) 8
8) 7
9) 6
10) 8

11) 8
12) 7
13) 9
14) 5
15) 5
16) 8
17) 7
18) 5
19) 4
20) 6

21) 8
22) 6
23) 9
24) 6
25) 8
26) 9
27) 7
28) 9
29) 8
30) 9

31) 9
32) 6
33) 8
34) 8
35) 7
36) 9
37) 5
38) 2
39) 6
40) 9

182쪽 덧셈 올림픽 (2)

1) 8
2) 9
3) 5
4) 6
5) 9
6) 8
7) 7
8) 8
9) 7
10) 9

11) 2
12) 8
13) 7
14) 8
15) 9
16) 6
17) 9
18) 8
19) 9
20) 9

21) 4
22) 9
23) 9
24) 8
25) 9
26) 7
27) 8
28) 7
29) 6
30) 8

31) 8
32) 6
33) 9
34) 6
35) 8
36) 9
37) 7
38) 9
39) 8
40) 9

183쪽 빨셈 올림픽 (1)

1)	4	21)	7
2)	4	22)	3
3)	0	23)	9
4)	2	24)	1
5)	0	25)	1
6)	7	26)	1
7)	2	27)	6
8)	3	28)	2
9)	1	29)	6
10)	7	30)	1
11)	2	31)	3
12)	3	32)	3
13)	3	33)	4
14)	1	34)	1
15)	5	35)	5
16)	5	36)	2
17)	1	37)	2
18)	2	38)	6
19)	4	39)	5
20)	4	40)	2

184쪽 빨셈 올림픽 (2)

1)	5	21)	4
2)	3	22)	2
3)	2	23)	3
4)	2	24)	4
5)	3	25)	8
6)	2	26)	0
7)	1	27)	4
8)	1	28)	2
9)	2	29)	6
10)	6	30)	3
11)	1	31)	2
12)	1	32)	0
13)	1	33)	4
14)	5	34)	2
15)	3	35)	1
16)	3	36)	2
17)	7	37)	6
18)	5	38)	5
19)	7	39)	3
20)	2	40)	4

186쪽 1분 덧셈 사전 검사

1) 9
2) 6
3) 5
4) 5
5) 6
6) 8
7) 9
8) 9
9) 4
10) 7
11) 7
12) 8
13) 8
14) 8
15) 5
16) 8
17) 4
18) 9
19) 9
20) 9
21) 7
22) 7
23) 8
24) 5
25) 4
26) 8
27) 8
28) 4
29) 7
30) 3
31) 9
32) 8
33) 6
34) 5
35) 8
36) 7
37) 8
38) 9
39) 6
40) 7

187쪽 1분 덧셈 사후 검사

1) 8
2) 9
3) 7
4) 7
5) 9
6) 5
7) 7
8) 8
9) 4
10) 7
11) 6
12) 9
13) 9
14) 9
15) 7
16) 9
17) 5
18) 7
19) 9
20) 6
21) 6
22) 5
23) 8
24) 7
25) 8
26) 8
27) 6
28) 7
29) 9
30) 9
31) 8
32) 5
33) 3
34) 8
35) 8
36) 6
37) 6
38) 7
39) 9
40) 6

188쪽 1분 빨셈 사전 검사

1)	3	21)	5
2)	2	22)	6
3)	8	23)	0
4)	2	24)	4
5)	6	25)	3
6)	1	26)	7
7)	5	27)	5
8)	2	28)	2
9)	5	29)	8
10)	3	30)	2
11)	4	31)	4
12)	3	32)	4
13)	5	33)	7
14)	7	34)	3
15)	7	35)	1
16)	4	36)	5
17)	6	37)	1
18)	4	38)	4
19)	1	39)	3
20)	7	40)	7

189쪽 1분 빨셈 사후 검사

1)	3	21)	2
2)	2	22)	3
3)	1	23)	8
4)	1	24)	1
5)	4	25)	6
6)	7	26)	5
7)	1	27)	6
8)	7	28)	1
9)	2	29)	2
10)	1	30)	2
11)	1	31)	2
12)	1	32)	2
13)	8	33)	6
14)	4	34)	1
15)	1	35)	6
16)	2	36)	5
17)	2	37)	1
18)	3	38)	1
19)	3	39)	3
20)	8	40)	2